Inhaltsverzeichnis

1. Einführung   2
2. Kapitel Eins: Ziele Definieren und Gemeinsame Vision   3
3. Kapitel Zwei: Strategische und Taktische Planung   30
4. Kapitel Drei: Aufbau einer Kultur der Effektiven Kommunikation   41
5. Kapitel Vier: Effektive Aufgabenverteilung   53
6. Kapitel Fünf: Kontinuierliche Schulung und Entwicklung   66
7. Kapitel Sechs: Motivation und Verantwortlichkeit   74
8. Kapitel Sieben: Kontinuierliche Verbesserung und Innovation   91
9. Kapitel Acht: Anpassung und Reaktion auf Veränderungen   99
10. Kapitel Neun: Führung durch Vorbild   110
11. Kapitel Zehn: Teilnahme und Kollektive Entscheidungsfindung   116
12. Kapitel Elf: Entwicklung einer Kooperativen Arbeitsumgebung   130
13. Kapitel Zwölf: Regelmäßige Leistungsbewertung   145
14. Kapitel Dreizehn: Nachhaltigkeit und Soziale Verantwortung   159
15. Kapitel Vierzehn: Erlernte Lektionen und Zukünftige Vision   169
16. Schlusswort   173

Einführung

In einer Welt, die sich schnell verändert, sind Unternehmen und Einzelpersonen zu den Zentren kontinuierlicher Transformation und Erneuerung geworden. Heutzutage lebt jeder von uns in einer Gesellschaft, die von Dynamik und vielfältigen Herausforderungen geprägt ist. Dies erfordert die Entwicklung zukünftiger Visionen, die auf Erfahrungen und kontinuierlichem Lernen basieren. Dieses Buch präsentiert eine Reise voller Errungenschaften und Herausforderungen, durchwoben mit wertvollen Lektionen aus realen Erfahrungen, die die Bedeutung von Innovation, Anpassungsfähigkeit und Nachhaltigkeit beim Aufbau einer prosperierenden Zukunft hervorheben.

Durch die Behandlung verschiedener Themen wie effektive Kommunikation, kulturelle Vielfalt und nachhaltige Innovation nimmt uns dieses Buch auf eine Entdeckungsreise mit, die zeigt, wie man Herausforderungen überwindet und Chancen nutzt, um eine hellere und nachhaltigere Zukunft zu gestalten.

Kapitel Eins: Ziele und gemeinsame Vision festlegen

Das Problem entdecken

Als Adam die Position des CEO bei "Tech Excel" übernahm, begann er damit, den aktuellen Zustand des Unternehmens gründlich zu untersuchen. Er wollte die Gründe verstehen, die zum Leistungsabfall des Unternehmens und zum Verlust seiner Marktstellung geführt hatten. Adam führte eine Reihe von Einzelgesprächen mit Managern und Mitarbeitern, um Informationen zu sammeln und die Herausforderungen zu verstehen, denen sie gegenüberstanden.

Treffen mit Leila, der Finanzleiterin:

In einem der Treffen mit Leila entdeckte Adam erhebliche Diskrepanzen in den für Projekte zugewiesenen Budgets. Leila sagte: "Wir haben viele Projekte, aber es gibt keine klare Vision, wie die Ressourcen verteilt werden sollen. Jeder arbeitet an kurzfristigen Zielen, ohne die langfristige Strategie zu berücksichtigen."

Treffen mit Kareem, dem Marketingleiter:

Während seines Treffens mit Kareem erfuhr Adam, dass die Marketingteams an inkonsistenten Kampagnen arbeiteten, die unterschiedliche Märkte ohne klare Richtung ansprachen. "Jedes Team denkt, dass es am besten weiß, was zu tun ist, aber uns fehlt eine einheitliche Vision, um unsere Bemühungen zu koordinieren. Das Ergebnis ist, dass wir den Fokus verlieren, und die Kunden sehen kein konsistentes Bild unserer Marke," erklärte Kareem.

Treffen mit Sarah, HR-Direktorin:
Adams Treffen mit Sarah enthüllte einen Mangel an Motivation unter den Mitarbeitern. Sarah sagte: "Die Mitarbeiter fühlen sich frustriert aufgrund der fehlenden klaren Ziele. Sie wissen nicht, wie ihre Bemühungen zum Gesamterfolg des Unternehmens beitragen. Es gibt viel Unklarheit und Verwirrung."

Treffen mit Youssef, Technologiedirektor:
In seinem Treffen mit Youssef erkannte Adam, dass das Technologie-Team an der Entwicklung fortschrittlicher Technologien arbeitete, die nicht mit den aktuellen Marktbedürfnissen übereinstimmen. "Wir investieren viel Mühe in die Entwicklung von Technologien, die den Kunden derzeit nicht wichtig sind. Wir brauchen eine klare Vision, die unsere Forschung und Entwicklung leitet," erklärte Youssef.

Datenanalyse:
Nach diesen Treffen bat Adam das Analyseteam, Daten über die Leistung vergangener und aktueller Projekte zu sammeln. Die Daten zeigten erhebliche Diskrepanzen bei den Projektergebnissen, und viele hatten ihre erwarteten Ziele nicht erreicht. Es war klar, dass dem Unternehmen eine einheitliche strategische Ausrichtung fehlte.

Erstes Treffen
Der Knoten und die Herausforderungen
Adam hielt ein Treffen mit dem Führungsteam ab, zu dem die wichtigsten Manager des Unternehmens gehörten: Sarah, Personalleiterin; Karim, Marketingmanager; Leila, Finanzmanagerin; und

Youssef, Technologiemanager, um seine Beobachtungen und Schlussfolgerungen zu teilen.

Adam: "Willkommen, alle zusammen. Vielen Dank, dass Sie heute hier sind. Ich wollte einige wichtige Themen in Bezug auf die Vision des Unternehmens und unsere gemeinsamen Ziele besprechen. Lassen Sie uns mit einer einfachen Frage beginnen. Was ist die aktuelle Vision des Unternehmens?"

Sarah: "Ich glaube, unsere Vision ist es, das führende Unternehmen in der fortschrittlichen Technologie zu werden."

Karim: "Ja, aber ich sehe unsere Vision mehr darauf ausgerichtet, innovative Marketinglösungen für kleine und mittlere Unternehmen anzubieten."

Leila: "Aus meiner Perspektive dreht sich die Vision um die Erreichung finanzieller Nachhaltigkeit und nachhaltigen Wachstums."

Youssef: "Für mich ist unsere Vision, an der Spitze der technologischen Innovation zu stehen und hochwertige Produkte zu liefern."

Adam: "Ich sehe, dass es einen Konflikt in den Visionen gibt. Es scheint, dass uns eine einheitliche Vision fehlt. Lassen Sie uns zur nächsten Frage übergehen. Was sind die Ziele, die wir erreichen wollen?"

Sarah: "Unsere Ziele beziehen sich auf die Verbesserung der Mitarbeitererfahrung und die Entwicklung ihrer Fähigkeiten."

Karim: "Unsere Marketingziele sind es, den Marktanteil im nächsten Jahr um 15 % zu steigern."

Leila: "Unser finanzielles Ziel ist es, die Renditen auf Investitionen zu verbessern und die Ausgaben zu senken."

Youssef: "Wir streben an, erhebliche Fortschritte bei der Entwicklung unserer neuen Produkte zu erzielen und diese vor Jahresende auf den Markt zu bringen."

Adam: "Erneut bemerke ich, dass es eine Diskrepanz in den Zielen gibt. Es scheint, dass die verschiedenen Teams unterschiedliche Ziele verfolgen. Die letzte Frage: Wie stimmen sich die Anstrengungen der verschiedenen Teams ab, um diese Ziele zu erreichen?"

Sarah: "Wir arbeiten daran, das Arbeitsumfeld zu verbessern und Schulungsprogramme anzubieten."

Karim: "Wir konzentrieren uns auf Marketingkampagnen und strategische Partnerschaften."

Leila: "Wir überwachen die Ausgaben und suchen nach neuen Investitionsmöglichkeiten."

Youssef: "Wir arbeiten an der Produktentwicklung und Qualitätsverbesserung."

Adam: "Danke Ihnen allen für Ihre Beiträge. Es ist klar, dass wir unterschiedliche Visionen und Ziele haben. Dieser Konflikt bestätigt mir, dass dem Unternehmen eine einheitliche Vision und gemeinsame Ziele fehlen. Wenn wir 'Tech Excel' wieder auf seine Marktposition bringen wollen, müssen wir uns unter einer Vision und gemeinsamen Zielen vereinen. Dies ist keine Option, sondern eine Notwendigkeit. Wir müssen zusammenarbeiten, um eine umfassende Vision zu etablieren, die mit unseren Zielen und strategischen Ausrichtungen übereinstimmt."

Sarah: "Ich denke, wir brauchen eine spezielle Sitzung, um diese Vision und Ziele zu definieren."

Karim: "Ich stimme dir zu, Sarah. Wir müssen sicherstellen, dass alle Teams auf die gleichen Ziele hinarbeiten."

Leila: "Ja, und das wird uns helfen, die Koordination zwischen den verschiedenen Abteilungen zu verbessern."

Youssef: "Genau. Wenn wir eine klare Vision und gemeinsame Ziele haben, werden wir viel bessere Ergebnisse erzielen können."

Adam: "Dann lassen Sie uns eine spezielle Arbeitssitzung ansetzen, in der wir uns darauf konzentrieren, die Vision des Unternehmens und die gemeinsamen Ziele zu definieren. Wir müssen mit einer einheitlichen Vision und klaren Zielen herauskommen, an denen alle Teams arbeiten können."

Alle: "Einverstanden."

Visuelle Präsentation
Adam nutzte eine visuelle Präsentation, um zu zeigen, wie eine klare Vision das Team führen und zum Erfolg verhelfen kann. Er zeigte Beispiele erfolgreicher Unternehmen und wie eine einheitliche Vision zu ihrem Erfolg beigetragen hat. Er erläuterte auch den Unterschied zwischen der Arbeit an verstreuten

Projekten und der Arbeit mit einer einheitlichen Vision und klaren Zielen.

Diskussion und Herausforderungen

Anfangs gab es einige Vorbehalte. Sarah wies darauf hin, dass die Mitarbeiter wegen der neuen Änderungen besorgt sein könnten. Karim fügte hinzu, dass sich der Markt schnell verändert und unsere Vision flexibel sein muss.

Adam antwortete: "Ich verstehe eure Bedenken, aber ohne klare Führung werden wir weiterhin ziellos vorgehen. Wir müssen bereit sein, uns anzupassen, aber wir müssen irgendwo anfangen."

Nach einer langen Diskussion stimmte das Team zu, mit der Entwicklung einer gemeinsamen Vision und strategischen Zielen zu beginnen.

Sarah: "Ich denke, wir brauchen eine spezielle Sitzung, um diese Vision und Ziele zu definieren."

Karim: "Ich stimme dir zu, Sarah. Wir müssen sicherstellen, dass alle Teams auf die gleichen Ziele hinarbeiten."

Leila: "Ja, und das wird uns helfen, die Koordination zwischen den verschiedenen Abteilungen zu verbessern."

Youssef: "Genau. Wenn wir eine klare Vision und gemeinsame Ziele haben, können wir viel bessere Ergebnisse erzielen."

Adam: "Also, lasst uns eine spezielle Arbeitssitzung anberaumen, die sich auf die Definition der Unternehmensvision und der gemeinsamen Ziele konzentriert. Wir müssen daraus mit einer einheitlichen Vision und klaren Zielen hervorgehen, an denen alle Teams arbeiten können."

Alle: "Einverstanden."

Festlegung der Vision

Arbeitssitzungen

Es wurden intensive Arbeitssitzungen organisiert, bei denen alle Teammitglieder an der Festlegung der Vision und Ziele teilnahmen. Ziel war es, Ideen zu sammeln und einen Konsens über die zukünftige Vision des Unternehmens zu erreichen. Diese Sitzungen waren interaktiv und beinhalteten Brainstorming-Übungen und umfangreiche Diskussionen über die für das Unternehmen wichtigen Kernwerte und darüber, was das Team langfristig erreichen möchte.

Adam: "Willkommen zu diesen intensiven Sitzungen. Unser Ziel heute ist es, eine einheitliche Vision und Ziele für das Unternehmen festzulegen. Beginnen wir mit einer Brainstorming-Übung. Ich möchte, dass jeder von Ihnen seine Vision für die Zukunft und die Kernwerte teilt, die Sie für wichtig halten."

Sarah: "Für mich sollte einer der Kernwerte die Entwicklung der persönlichen Fähigkeiten und Kompetenzen unserer Mitarbeiter sein. Dies wird uns helfen, ein starkes und kohäsives Team aufzubauen."

Karim: "Ich stimme dir zu, Sarah. Aber aus meiner Sicht sollte Innovation im Mittelpunkt unserer Vision stehen. Wir müssen unseren Kunden innovative Lösungen bieten, um uns auf dem Markt abzuheben."

Leila: "Ich stimme euch beiden zu, aber wir müssen auch auf finanzielle Nachhaltigkeit achten. Wir müssen sicherstellen, dass alle unsere Entscheidungen nachhaltiges Wachstum unterstützen und finanzielle Risiken minimieren."

Youssef: "Ich glaube, Qualität ist der Kernwert. Wenn wir uns auf die Bereitstellung hochwertiger Produkte konzentrieren, werden wir das Vertrauen unserer Kunden gewinnen und langfristigen Erfolg erzielen."

Adam: "Das sind großartige Ideen. Lassen Sie uns nun über die zukünftige Vision sprechen. Wie sehen Sie das Unternehmen in fünf Jahren?"

Sarah: "Ich sehe das Unternehmen als führend bei der Bereitstellung eines idealen Arbeitsumfelds, in dem jeder Mitarbeiter seine Arbeit genießt und in seiner Karriere vorankommt."

Karim: "Und ich sehe das Unternehmen an der Spitze der technologischen Innovation mit einer starken Präsenz auf den globalen Märkten."

Leila: "Ich strebe an, dass wir ein finanziell stabiles Unternehmen sind, mit einer vielfältigen Produkt- und Dienstleistungspalette, die nachhaltige Gewinne erzielt."

Youssef: "Und ich sehe, dass wir für die Qualität unserer Produkte und Dienstleistungen bekannt sind, mit einer breiten und treuen Kundenbasis."

Adam: "Ausgezeichnet. Lassen Sie uns nun daran arbeiten, diese Ideen in eine einheitliche Vision zu integrieren. Wie können wir eine Vision formulieren, die all diese Aspekte umfasst?"

Sarah: "Vielleicht könnten wir sagen: 'Führend in der Innovation der Technologiebranche und Bereitstellung von Lösungen, die die Erwartungen der Kunden erfüllen und übertreffen.'"

Karim: "Das gefällt mir. Es ist eine umfassende Vision, die Innovation, Qualität und Kundenzufriedenheit vereint."

Leila: "Einverstanden. Und dies umfasst auch indirekt den finanziellen Aspekt, indem wir die Erwartungen der Kunden auf innovative Weise erfüllen."

Youssef: "Ich denke, dies ist eine integrierte Vision. Sie umfasst Innovation, Qualität, berufliche Entwicklung und finanzielle Nachhaltigkeit."

Adam: "Großartig. Wir haben jetzt eine neue Vision: 'Führend in der Innovation der Technologiebranche und Bereitstellung von Lösungen, die die Erwartungen der Kunden erfüllen und übertreffen.' Diese Vision wird unser Nordstern sein, der uns in die Zukunft weist. Lassen Sie uns nun daran arbeiten, diese Vision in praktische Ziele umzusetzen."

Sarah: "Ich schlage vor, dass wir uns das Ziel setzen, das Niveau der Schulung und Entwicklung jährlich um 20 % zu verbessern."

Karim: "Und wir könnten das Ziel setzen, unseren Marktanteil in den nächsten zwei Jahren um 15 % zu steigern."

Leila: "Und ich glaube, wir sollten uns eine jährliche Gewinnwachstumsrate von mindestens 10 % zum Ziel setzen."

Hala: "Im Bereich der Öffentlichkeitsarbeit denke ich, dass wir das Ziel haben sollten, die Kundenzufriedenheit im nächsten Jahr um 20 % zu verbessern und das allgemeine Image des Unternehmens durch effektive PR-Kampagnen zu stärken. Wir sollten auch ein hervorragendes Kundenservicesystem entwickeln, das die Erwartungen der Kunden schnell und effizient erfüllt."

Youssef: "Und ich würde ein Ziel hinzufügen, die Qualität unserer Produkte zu verbessern und die Fehlerquote auf weniger als 2 % zu reduzieren."

Adam: "Das sind großartige Ziele. Lassen Sie uns damit beginnen, einen Aktionsplan zur Erreichung dieser Ziele zu entwickeln. Wir werden die Verantwortlichkeiten und die erforderlichen Ressourcen für jedes Ziel festlegen und den Fortschritt regelmäßig überwachen."

Sarah: "Das ist ein ausgezeichneter Anfang, Adam. Ich freue mich darauf, an der Verwirklichung dieser Vision und Ziele zu arbeiten."

Karim: "Ich auch. Lassen Sie uns anfangen zu arbeiten und diese Ziele gemeinsam erreichen."

Adam: "Vielen Dank für Ihre aktive Teilnahme. Ich bin sicher, dass unsere Zusammenarbeit zu großem Erfolg für das Unternehmen führen wird. Aber wir müssen diese Ziele mit jedem Team im Unternehmen teilen und diskutieren, um das Engagement und die Motivation aller sicherzustellen."

Die Neue Vision
Am Ende kamen sie zu einer neuen Vision, die darauf abzielt, "die Innovation in der Technologiebranche zu

führen und Lösungen anzubieten, die die Bedürfnisse der Kunden erfüllen und ihre Erwartungen übertreffen." Adam und das Führungsteam beschränkten sich jedoch nicht darauf, die Ziele selbst festzulegen; sie sorgten dafür, dass jedes Team im Unternehmen einbezogen wurde, um das Engagement und die Motivation aller zu gewährleisten. Sie hielten Meetings mit jeder Abteilung ab, um die Ziele zu besprechen und wie jedes Team dazu beitragen könnte, diese zu erreichen. Diese aktive Beteiligung erhöhte das Verantwortungsbewusstsein und Zugehörigkeitsgefühl unter den Mitarbeitern.

Die Vision in praktische Ziele umsetzen:

Nach der Definition der Vision gingen Adam und sein Team zum nächsten Schritt über: diese Vision in erreichbare strategische Ziele umzusetzen. Dies wurde durch mehrere Meetings mit jeder Abteilung erreicht.

Meeting der Personalabteilung

Adam: "Hallo zusammen. Wir sind heute hier, um die neue Vision und die Ziele zu besprechen, die wir für das Unternehmen festgelegt haben. Ich möchte, dass wir darüber sprechen, wie die Personalabteilung zur Erreichung dieser Ziele beitragen kann. Sarah, kannst du mit einer Übersicht über die Vision und die Ziele beginnen?"

Sarah: "Sicher, Adam. Unsere Vision ist 'Die Führung der Innovation in der Technologiebranche und das Anbieten von Lösungen, die die Kundenbedürfnisse erfüllen und ihre Erwartungen übertreffen.' Um diese Vision zu erreichen, haben wir mehrere strategische Ziele festgelegt, darunter die Verbesserung des Trainings- und Entwicklungsniveaus um 20% pro Jahr."

Adam: "Das ist richtig. Jetzt möchte ich von euch allen hören. Wie glaubt ihr, dass die Personalabteilung zur Erreichung dieses Ziels beitragen kann?"

Mohammed: "Ich denke, wir müssen neue Trainingsprogramme entwickeln, die sich auf Innovation und moderne Technologien konzentrieren. Wir können externe Experten hinzuziehen, um einige fortgeschrittene Kurse durchzuführen."

Maryam: "Ja, und wir können auch interne Schulungen anbieten, bei denen erfahrene Mitarbeiter ihr Wissen mit dem Team teilen. Dies wird dazu beitragen, die interne Kommunikation und den Wissenstransfer zu verbessern."

Ali: "Ich glaube, wir sollten uns darauf konzentrieren, Führungs- und Managementfähigkeiten bei neuen Mitarbeitern zu entwickeln. Wir können spezielle Trainingsprogramme für potenzielle zukünftige Führungskräfte entwerfen."

Sarah: "Das sind großartige Ideen. Darüber hinaus können wir Technologie nutzen, um die Trainingserfahrung zu verbessern, wie z.B. die Nutzung von E-Learning-Plattformen und Online-Training."

Adam: "Ich freue mich, diese innovativen Ideen zu hören. Es ist wichtig, dass wir sicherstellen, dass alle Trainingsprogramme mit der Vision des Unternehmens übereinstimmen und unsere strategischen Ziele unterstützen. Sarah, kannst du diese Bemühungen koordinieren und einen klaren Aktionsplan zur Erreichung dieses Ziels entwickeln?"

Sarah: "Natürlich, Adam. Ich werde mit dem Team zusammenarbeiten, um einen Aktionsplan zu entwickeln, der all diese Ideen umfasst, und sofort mit der Umsetzung beginnen."

Adam: "Großartig. Ich möchte auch, dass wir ein System einrichten, um unseren Fortschritt zu messen und das gewünschte Ziel zu erreichen. Wir können Key Performance Indicators (KPIs) festlegen und diese regelmäßig überwachen."

Mohammed: "Wir können regelmäßige Berichte verwenden, um die Effektivität der Trainingsprogramme zu messen und Verbesserungen in der Leistung der Mitarbeiter zu bewerten."

Maryam: "Und wir können auch regelmäßig Feedback von den Mitarbeitern zu den Trainingsprogrammen sammeln, um sicherzustellen, dass wir ihre Bedürfnisse und Erwartungen erfüllen."

Adam: "Ausgezeichnet. Also, lasst uns anfangen, an diesen Ideen zu arbeiten und sicherzustellen, dass die Personalabteilung effektiv zur Erreichung der Vision und Ziele des Unternehmens beiträgt. Vielen Dank für eure Begeisterung und euer Engagement."

Alle: "Danke, Adam. Wir sind bereit, loszulegen."

Finanzabteilungssitzung

Adam: "Hallo zusammen. Danke, dass ihr heute hier seid. Wie ihr wisst, arbeiten wir daran, unsere neue Vision zu verwirklichen: 'Führung der Innovation in der Technologiebranche und Bereitstellung von Lösungen, die die Bedürfnisse der Kunden erfüllen und ihre Erwartungen übertreffen.' Um diese Vision zu erreichen, haben wir eine Reihe strategischer Ziele festgelegt. Leila, kannst du einen Überblick über die finanziellen Ziele geben, die wir erreichen wollen?"

Leila: "Natürlich, Adam. Zu den Zielen, die wir gesetzt haben, gehört es, ein jährliches Gewinnwachstum von mindestens 10% zu erzielen und eine starke finanzielle Nachhaltigkeit sicherzustellen. Wir müssen uns darauf konzentrieren, die finanzielle Effizienz zu verbessern und die Ressourcen besser zu verwalten."

Adam: "Großartig. Jetzt möchte ich von euch allen hören. Wie kann die Finanzabteilung effektiv dazu beitragen, diese Ziele zu erreichen?"

Ahmed: "Ich glaube, wir müssen unsere Finanzanalyseprozesse verbessern. Wir können fortschrittliche Analysetools verwenden, um Chancen und Risiken besser zu identifizieren."

Fatima: "Ja, und wir können auch die Betriebskosten überprüfen und Bereiche identifizieren, in denen wir Ausgaben reduzieren können, ohne die Arbeitsqualität zu beeinträchtigen."

Khaled: "Wir können auch die Zusammenarbeit zwischen den Abteilungen verbessern, um sicherzustellen, dass alle finanziellen Entscheidungen mit den strategischen Zielen des Unternehmens übereinstimmen. Vielleicht können wir Schulungsworkshops für andere Abteilungen zur Budgetverwaltung und Finanzierung anbieten."

Leila: "Das sind gute Ideen. Wir können auch unser Cash-Management-System verbessern, um sicherzustellen, dass wir über genügend Liquidität verfügen, um auf Notfälle zu reagieren. Außerdem können wir daran arbeiten, die Genauigkeit unserer Finanzprognosen zu verbessern."

Adam: "Ausgezeichnet. Es ist sehr wichtig, dass wir einen integrierten Finanzplan haben, der alle Aspekte unserer Vision unterstützt. Leila, kannst du die Bemühungen koordinieren und einen Aktionsplan entwickeln, um diese Ziele zu erreichen?"

Leila: "Natürlich, Adam. Ich werde mit dem Team zusammenarbeiten, um einen Plan zu entwickeln, der die Ausgabenanalyse, die Verbesserung der finanziellen Effizienz und die Förderung der Zusammenarbeit zwischen den Abteilungen umfasst. Wir werden den Fortschritt regelmäßig überwachen und regelmäßige Berichte erstellen."

Ahmed: "Wir können auch ein System entwickeln, um die finanziellen Leistungsindikatoren (KPIs) zu verfolgen, um sicherzustellen, dass die Ziele effektiv erreicht werden."

Fatima: "Ich schlage vor, regelmäßige Meetings abzuhalten, um die finanzielle Leistung zu überprüfen und potenzielle Herausforderungen frühzeitig zu identifizieren."

Adam: "Großartige Idee. Also, lasst uns mit der Arbeit an diesen Ideen beginnen und sicherstellen, dass die Finanzabteilung eine Schlüsselrolle bei der Verwirklichung der Unternehmensvision spielt. Vielen Dank für euer Engagement und eure Hingabe."

Alle: "Danke, Adam. Wir sind bereit, loszulegen."

Meeting der Marketingabteilung

Adam: "Hallo zusammen. Ich freue mich, euch heute zu sehen. Wir sind hier, um zu besprechen, wie die Marketingabteilung dazu beitragen kann, unsere neue Vision 'Innovation in der Technologiebranche voranzutreiben und Lösungen bereitzustellen, die die Erwartungen der Kunden erfüllen und übertreffen' zu verwirklichen. Karim, kannst du einen Überblick über die Marketingziele geben, die wir erreichen wollen?"

Karim: "Natürlich, Adam. Wir streben an, unseren Marktanteil in den nächsten zwei Jahren um 15% zu erhöhen und das globale Markenbewusstsein zu stärken. Wir möchten auch innovative Marketingkampagnen entwickeln, die neue Kunden anziehen und bestehende Kunden binden."

Adam: "Großartig. Jetzt möchte ich von euch allen hören. Wie denkt ihr, kann die Marketingabteilung effektiv zur Erreichung dieser Ziele beitragen?"

Nada: "Ich denke, wir können das digitale Marketing effektiver nutzen. Wir können unsere Präsenz auf Social-Media-Plattformen verbessern und die Interaktion mit dem Publikum durch ansprechende und fesselnde Inhalte steigern."

Omar: "Ja, und wir können auch Werbekampagnen entwickeln, die sich auf neue Märkte konzentrieren. Wir können Daten verwenden, um das Verhalten der Kunden zu analysieren und neue Wachstumschancen zu identifizieren."

Maya: "Wir sehen auch eine Gelegenheit in der Zusammenarbeit mit digitalen Influencern, die unsere

Produkte auf innovative Weise bewerben und ein breites Publikum erreichen können."

Karim: "Das sind großartige Ideen. Wir können auch Online-Events und Webinare organisieren, um unsere neuen Technologien und innovativen Lösungen zu präsentieren, was unsere Präsenz stärkt und das Interesse der Kunden an unseren Produkten erhöht."

Adam: "Ausgezeichnete Ideen. Es ist wichtig, dass wir kreativ in unseren Marketingstrategien sind. Karim, kannst du diese Bemühungen koordinieren und einen detaillierten Aktionsplan entwickeln, um diese Ziele zu erreichen?"

Karim: "Absolut, Adam. Ich werde mit dem Team zusammenarbeiten, um einen umfassenden Plan zu entwickeln, der all diese Ideen einschließt. Wir werden uns darauf konzentrieren, unsere Marketingkampagnen zu verbessern und unsere Interaktion mit bestehenden und potenziellen Kunden zu erhöhen."

Nada: "Wir können auch regelmäßige Berichte bereitstellen, um die Leistung der Kampagnen zu überwachen und sie bei Bedarf anzupassen, um die Effektivität zu maximieren."

Omar: "Ich schlage vor, ein internes Team zu schaffen, das kontinuierlich Marketingdaten analysiert und Empfehlungen zur Leistungsverbesserung gibt."

Adam: "Ausgezeichnete Idee, Omar. Lassen Sie uns sicherstellen, dass alle unsere Entscheidungen auf genauen Daten und tiefgehenden Analysen basieren. Lasst uns also mit der Umsetzung dieser Ideen beginnen und sicherstellen, dass die Marketingabteilung eine

Schlüsselrolle bei der Verwirklichung unserer Vision spielt. Vielen Dank an alle für eure Hingabe und Kreativität."

Alle: "Danke, Adam. Wir sind bereit, loszulegen."

Treffen der Abteilung Öffentlichkeitsarbeit und Kundenservice

Adam: "Hallo zusammen. Vielen Dank, dass Sie heute hier sind. Wie Sie wissen, arbeiten wir alle daran, unsere neue Vision zu verwirklichen, 'Innovation in der Technologiebranche zu führen und Lösungen anzubieten, die die Erwartungen der Kunden erfüllen und übertreffen.' Hala, können Sie einen Überblick über die Ziele geben, die wir in der Abteilung Öffentlichkeitsarbeit und Kundenservice erreichen wollen?"

Hala: "Natürlich, Adam. Wir streben an, die Kundenzufriedenheit im nächsten Jahr um 20% zu steigern und das allgemeine Unternehmensbild durch effektive Öffentlichkeitskampagnen zu verbessern. Wir wollen auch ein herausragendes Kundenservicesystem entwickeln, das die Erwartungen der Kunden schnell und effizient erfüllt."

Adam: "Großartig. Ich möchte Ihre Ideen hören, wie wir diese Ziele erreichen können. Wie kann die Abteilung Öffentlichkeitsarbeit und Kundenservice effektiv dazu beitragen?"

Ahmed: "Ich denke, wir müssen unsere Kommunikationskanäle mit den Kunden verbessern. Wir können soziale Medien effektiver nutzen, um mit

Kunden zu interagieren und ihre Anfragen schneller zu beantworten."

Laila: "Ja, und wir können auch ein integriertes Customer Relationship Management (CRM) System einrichten, das uns hilft, Kundenanfragen zu verfolgen und ihre Probleme effektiver zu lösen."

Khaled: "Wir können Schulungsworkshops für das Kundenserviceteam organisieren, um ihre Fähigkeiten im Umgang mit Kunden zu verbessern und einen herausragenden Service zu bieten."

Hala: "Das sind großartige Ideen. Wir können auch Öffentlichkeitskampagnen organisieren, die sich auf die Erfolgsgeschichten unserer Kunden konzentrieren und wie unsere Technologien ihre Geschäfte verbessert haben. Dies wird das Unternehmensbild stärken und das Vertrauen der Kunden erhöhen."

Adam: "Ausgezeichnete Ideen. Es ist sehr wichtig, dass wir ein integriertes System haben, das die Kundenzufriedenheit und das Unternehmensbild verbessert. Hala, können Sie diese Bemühungen koordinieren und einen detaillierten Aktionsplan entwickeln, um diese Ziele zu erreichen?"

Hala: "Natürlich, Adam. Ich werde mit dem Team zusammenarbeiten, um einen umfassenden Plan zu entwickeln, der die Verbesserung der Kommunikationskanäle, die Nutzung von CRM und die Organisation effektiver Öffentlichkeitskampagnen umfasst."

Ahmed: "Wir können auch regelmäßige Berichte bereitstellen, um die Kundenzufriedenheit zu überwachen und ihr Feedback zu analysieren, um Bereiche zu identifizieren, die verbessert werden müssen."

Laila: "Ich schlage vor, regelmäßige Umfragen durchzuführen, um die Kundenzufriedenheit zu messen und kontinuierlich ihr Feedback zu sammeln."

Adam: "Großartige Idee, Laila. Stellen wir sicher, dass wir unseren Kunden zuhören und kontinuierlich daran arbeiten, ihre Erwartungen zu erfüllen. Lassen Sie uns diese Ideen umsetzen und sicherstellen, dass die Abteilung Öffentlichkeitsarbeit und Kundenservice eine Schlüsselrolle bei der Verwirklichung unserer Vision spielt. Vielen Dank an alle für Ihr Engagement und Ihre Hingabe."

Alle: "Danke, Adam. Wir sind bereit, loszulegen."

In diesem Dialog wird gezeigt, wie Abteilungen zur Verwirklichung der Unternehmensvision und -ziele beitragen können, und der gleiche Ansatz wurde auch bei anderen Abteilungen angewandt.

SMART-Ziele setzen

Um die Vision effektiv umzusetzen, stellte Adam sicher, dass die Ziele Spezifisch, Messbar, Erreichbar, Relevant und Zeitgebunden (SMART) waren.

Die Ziele wurden in drei Hauptkategorien unterteilt:
1. Technologische Innovation: Entwicklung innovativer Produkte und Dienstleistungen, die echte Probleme lösen und Marktbedürfnisse erfüllen.

2. Markterweiterung: Eintritt in neue Märkte und Steigerung des Marktanteils in bestehenden Märkten.
3. Verbesserung der Kundenerfahrung: Bereitstellung der besten Kundenerfahrung durch Verbesserung der Produkt- und Dienstleistungsqualität sowie des Kundensupports.

Umsetzungskontrolle

Nach der Definition der Vision und Ziele begannen Adam und sein Team in den folgenden Monaten mit der Umsetzung im gesamten Unternehmen. Es wurden Workshops für alle Mitarbeiter organisiert, um die Vision und Ziele und deren Umsetzung zu erläutern. Zudem wurde ein Umsetzungsplan mit klaren Schritten zur Erreichung der festgelegten Ziele erstellt.

Neue Vision, Neuer Erfolg

Es wurde das Ziel gesetzt, innerhalb von 12 Monaten ein neues Produkt zu entwickeln, das den aufstrebenden Markt anspricht und eine Kundenzufriedenheitsrate von 90% erreicht.

Eines der ersten umgesetzten Projekte war die Neugestaltung der Unternehmenswebsite, um die neue Vision und den Fokus auf Innovation widerzuspiegeln. Das Ergebnis war eine 50%ige Steigerung des Website-Traffics und eine deutliche Verbesserung der Kundeninteraktion mit den neuen Produkten.

Nach einer Phase der Umsetzung der neuen Vision standen Adam und sein Team vor einer großen Herausforderung.

Die Aktien des Unternehmens fielen plötzlich aufgrund des Auftretens eines starken Wettbewerbers am Markt, der innovative Produkte zu wettbewerbsfähigen Preisen anbot.
Diese Situation war ein dramatischer Wendepunkt, der das Team dazu zwang, ihre Strategien neu zu bewerten und sich schnell an neue Herausforderungen anzupassen.

Dringlichkeitssitzung

Adam hielt eine Dringlichkeitssitzung mit dem Führungsteam ab, um die neue Krise zu besprechen. Das Treffen begann mit einer analytischen Präsentation der aktuellen Marktsituation und der Auswirkungen des neuen Wettbewerbers auf die Unternehmensaktien.
"Wir haben hart daran gearbeitet, unsere neue Vision zu verwirklichen, aber der neue Wettbewerber hat uns den Boden unter den Füßen weggezogen. Wir brauchen eine schnelle und effektive Antwort, um unsere Marktposition zu halten", sagte Adam ernst.

Komplexe Interaktion

Angesichts dieser Herausforderung nahm die Spannung unter den Managern zu.
Leila war besorgt über das Budget und die Auswirkungen der neuen Änderungen auf die finanziellen Ressourcen.
"Wenn wir jetzt in neue Technologien investieren, könnten wir das Unternehmen in den Bankrott treiben. Wir brauchen eine konservativere Strategie", sagte Leila bestimmt.

Andererseits war Youssef begeistert von der Nutzung neuer Technologien, um der Konkurrenz zu begegnen. "Wir müssen mutig sein. Innovation ist das, was die Kunden wieder zu uns zieht. Wenn wir jetzt nicht voranschreiten, verpassen wir die Chance", antwortete Youssef leidenschaftlich.

Adams Eingreifen
Adam bemerkte, dass die Spannung unter den Managern zunahm und dass die Meinungsverschiedenheiten den Entscheidungsprozess stören könnten. Er griff weise ein und betonte die Bedeutung von Einheit und Teamarbeit, um die Krise zu überwinden.
"Wir sind hier, um nicht zu streiten, sondern Lösungen zu finden. Wir haben eine Vision und Ziele, und wir müssen flexibel sein, wie wir sie erreichen. Lassen Sie uns Vorsicht und Innovation kombinieren, um Schritt für Schritt voranzukommen."

Periodische Überprüfung und Anpassung
Die Ziele und die Vision waren nicht fest und unveränderlich. Adam etablierte ein System zur regelmäßigen Überprüfung der Ziele, sodass sie basierend auf Marktveränderungen und dem Wettbewerbsumfeld angepasst und aktualisiert werden konnten.
Diese Flexibilität half dem Unternehmen, voraus zu bleiben und den Herausforderungen gerecht zu werden.

System der periodischen Überprüfung
Adam und sein Team beschlossen, sich alle drei Monate zu treffen, um die Leistung zu überprüfen und den Fortschritt bei der Zielerreichung zu bewerten. Schlüsselkennzahlen (KPIs) wurden verwendet, um den Erfolg zu messen und Bereiche zu identifizieren, die verbessert werden müssen.

"Wir müssen bereit sein, unseren Kurs zu ändern, wenn es notwendig ist. Der Markt verändert sich schnell, und wir müssen flexibel sein und uns an diese Veränderungen anpassen können", sagte Adam in einem der regelmäßigen Meetings.

Ergebnisse der Anpassung
Dank dieser regelmäßigen Überprüfungen konnte sich das Unternehmen schnell an neue Herausforderungen anpassen. Zum Beispiel wurden einige Projekte an neue Markttrends angepasst, und nicht mehr rentable Projekte wurden eingestellt. Diese Flexibilität und Anpassungsfähigkeit halfen dem Unternehmen, wieder ins Gleichgewicht zu kommen und zu wachsen. Durch Zusammenarbeit und Teamarbeit entwickelte das Team neue Strategien und schloss Marktklüfte.
Die Aktien des Unternehmens stiegen wieder, was bewies, dass "Tech Excel" sich auch unter den schwierigsten Bedingungen anpassen und wachsen konnte.

Erlernte Lektionen:

1. **Bedeutung einer gemeinsamen Vision:**
   - Die Vision ist der Kompass, der alle in Richtung des gemeinsamen Ziels führt.
   - Sie trägt dazu bei, die Anstrengungen zu vereinheitlichen und die Zusammenarbeit im Team zu verbessern.
2. **Umwandlung der Vision in praktische Ziele:**
   - Ziele müssen spezifisch und messbar sein, um tatsächlichen Fortschritt zu erzielen.
   - SMART-Ziele gewährleisten Klarheit und Organisation bei der Umsetzung der Vision.
3. **Effektive Beteiligung:**
   - Die Einbeziehung aller Mitglieder bei der Zielsetzung verbessert das Engagement und die Motivation.
   - Zusammenarbeit und Teilnahme erhöhen das Zugehörigkeitsgefühl und die Verantwortlichkeit.
4. **Flexibilität bei der Anpassung:**
   - Ziele müssen basierend auf Veränderungen in der Umgebung anpassbar sein.
   - Periodische Überprüfungen stellen sicher, dass das Unternehmen voraus bleibt und in der Lage ist, sich den Herausforderungen anzupassen.

Werkzeuge und Praktische Übungen

Werkzeug: Vision und Ziele Karte

Entwickeln Sie eine Vision und Ziele Karte, die jede Abteilung verwenden kann, um sicherzustellen, dass ihre Bemühungen mit der Gesamtvision des Unternehmens übereinstimmen.

1. **Vision:** Klären Sie die Gesamtvision des Unternehmens.
2. **Strategische Ziele:** Identifizieren Sie 3-5 strategische Ziele.
3. **Key Performance Indicators (KPIs):** Identifizieren Sie Indikatoren zur Messung des Fortschritts in Richtung der Ziele.
4. **Hauptaktivitäten:** Beschreiben Sie die Aktivitäten, die helfen werden, die Ziele zu erreichen.

Übung: Brainstorming-Sitzung

Versammeln Sie Ihr Team zu einer Brainstorming-Sitzung, um die Vision und die Ziele für Ihre Abteilung zu definieren. Verwenden Sie die folgenden Fragen als Leitfaden:

- Was ist die strategische Ausrichtung des Unternehmens?
- Welche Ziele müssen erreicht werden, um diese Vision zu verwirklichen?
- Wie können wir den Fortschritt messen?

Inspirierende Zitate

"Vision ist nicht nur ein Bild davon, was sein könnte; es ist ein Appell an unser besseres Selbst, ein Aufruf, mehr zu werden." - Jonathan Swift

"Ziele sind keine Träume; sie sind Pläne mit einer Frist." - Harvey Mackay

---

Diskussionsfragen

1. Wie kann eine klare Vision die Teamleistung beeinflussen?
2. Welche Herausforderungen können bei dem Versuch auftreten, eine gemeinsame Vision zu etablieren?
3. Wie können wir sicherstellen, dass alle Teammitglieder sich der gemeinsamen Vision und den gemeinsamen Zielen verpflichten?

Kapitel Zwei: Strategische und Taktische Planung

Nachdem Adam und sein Team die gemeinsame Vision und die Ziele definiert hatten, bestand der nächste Schritt darin, einen klaren strategischen und taktischen Plan zu entwickeln, um diese Ziele zu erreichen. Adam erkannte, dass Erfolg ohne einen gut durchdachten und integrierten Plan, der das Unternehmen auf dem Weg zu seiner Vision führt, nicht möglich ist.

Strategieplanungsmeeting

Adam hielt ein umfangreiches Meeting mit dem Führungsteam ab, um strategische und taktische Pläne zu besprechen. Alle wichtigen Manager nahmen an dem Meeting teil: Sarah, Kareem, Leila, Youssef, Hala, zusammen mit einigen wichtigen Mitarbeitern aus verschiedenen Abteilungen.

"Da wir nun unsere Vision und Ziele definiert haben, müssen wir einen klaren strategischen Plan aufstellen, um dorthin zu gelangen. Dieser Plan wird unsere Roadmap zum Erfolg sein", begann Adam das Meeting.

Analyse der aktuellen Situation

SWOT-Analyse

Das Meeting begann mit einer SWOT-Analyse-Sitzung (Stärken, Schwächen, Chancen, Bedrohungen).

Kareem leitete diese Sitzung, in der das Team interne und externe Faktoren identifizierte und bewertete, die das Unternehmen beeinflussen könnten.

- **Stärken:** Fachwissen des Teams in Technologie, guter Ruf des Unternehmens.

- **Schwächen:** Mangel an finanziellen Ressourcen, Fehlen bestimmter Fähigkeiten.
- **Chancen:** Markterweiterung, steigende Nachfrage nach moderner Technologie.
- **Bedrohungen:** Aufkommen neuer Wettbewerber, Marktschwankungen.

"Diese Analyse wird uns helfen, unsere Position besser zu verstehen und wie wir unsere Stärken nutzen und unsere Schwächen überwinden können", erklärte Kareem.

Festlegung Strategischer Ziele

Definition Strategischer Ziele

Nach der SWOT-Analyse identifizierte das Team die wichtigsten strategischen Ziele, die das Unternehmen in den nächsten drei Jahren leiten sollten. Die Ziele basierten auf der neuen Vision und den Marktbedürfnissen.

- **Innovation:** Entwicklung neuer Technologien und Produkte, die den Kundenbedürfnissen entsprechen.
- **Expansion:** Eintritt in neue Märkte und Steigerung des Marktanteils.
- **Effizienz:** Verbesserung der internen Prozesse und Steigerung der Produktivität.
- **Entwicklung:** Investition in die Ausbildung und Entwicklung der Mitarbeiter.

"Wir müssen ehrgeizig, aber gleichzeitig realistisch sein. Diese Ziele werden uns dazu bringen, unsere Vision zu erreichen",
betonte Adam die Bedeutung des Gleichgewichts zwischen Ehrgeiz und Realismus.

Taktische Planung

Taktische Planung

Nach der Definition der strategischen Ziele begannen die Teams damit, kurzfristige taktische Pläne zur Erreichung dieser Initiativen zu erstellen. Sie nutzten einen Zerlegungsansatz, um große Ziele in kleinere, detailliertere Schritte zu verwandeln, die innerhalb bestimmter Zeitrahmen ausgeführt werden konnten.

Technologie-Team

Youssef: "In Ordnung, wir haben das große Ziel, unsere Technologieplattform zu verbessern, um den steigenden Bedürfnissen unserer Kunden gerecht zu werden. Lassen Sie uns dieses Ziel in kleinere Schritte unterteilen. Was schlagen Sie für die erste Phase vor?"

Sarah (Software-Ingenieurin): "Ich denke, wir sollten damit beginnen, Feedback und Kommentare von aktuellen Kunden zu analysieren, um Bereiche zu identifizieren, die verbessert werden müssen. Dies kann die Grundlage für die Festlegung von Entwicklungsprioritäten sein."

Ali (Projektmanager): "Ausgezeichnet. Wir können Datenanalysetools verwenden, um diese Informationen zu sammeln und einen umfassenden Bericht zu erstellen. Dann können wir die Arbeit in kleinere Teams aufteilen, um jede neue Funktion separat zu entwickeln."

Youssef: "Ich stimme Ihnen zu. Lassen Sie uns in der ersten Woche mit der Datenerfassung und -analyse beginnen und dann die folgenden zwei Wochen der Entwicklung der am meisten nachgefragten Funktionen widmen."

Marketing-Team

Karim: "Wir müssen unseren Marktanteil in den nächsten zwei Jahren um 15% steigern. Wie können wir dieses große Ziel in umsetzbare Schritte umsetzen?"

Nada (Leiterin des digitalen Marketings): "Wir können eine umfassende Marketingkampagne in den sozialen Medien starten, die neue Märkte anspricht. Wir sollten diese Kampagne in Phasen unterteilen, beginnend mit Bewusstsein, dann Engagement und schließlich Konversion."

Omar (Marketing-Analyst): "Ich schlage auch vor, Marketinganalysen zu nutzen, um die Zielgruppe genau zu identifizieren und die Anzeigen effektiv auf sie auszurichten."

Karim: "Ausgezeichnet. Lassen Sie uns mit der ersten Phase der Kampagne beginnen, die die Bewusstseinsphase ist. Wir widmen den ersten Monat der Erstellung attraktiver Inhalte und deren Veröffentlichung in allen sozialen Kanälen. Danach wechseln wir zur Engagement-Phase."

Finanzteam

Layla: "Unser Ziel ist es, die finanzielle Effizienz zu verbessern und Ressourcen besser zu verwalten. Wie können wir das in umsetzbare Schritte unterteilen?"

Ahmed (Buchhalter): "Wir können damit beginnen, die aktuellen Ausgaben zu überprüfen und zu analysieren, um Bereiche zu identifizieren, in denen wir Kosten senken können, ohne die Arbeitsqualität zu beeinträchtigen."

Fatima (Leiterin der Finanzanalyse): "Ja, und wir können auch ein System entwickeln, um die finanzielle Leistung regelmäßig zu überwachen und monatliche Berichte bereitzustellen, die es uns ermöglichen, den Fortschritt zu verfolgen und finanzielle Ziele zu erreichen."

Layla: "Großartig. Lassen Sie uns die nächsten zwei Wochen der Überprüfung und Analyse der Ausgaben widmen und dann mit der Einrichtung des Überwachungssystems und der Bereitstellung monatlicher Berichte beginnen."

Kundendienstteam

Hala: "Unser Ziel ist es, die Kundenzufriedenheit um 20% zu verbessern. Wie können wir das durch spezifische Schritte erreichen?"

Khaled (Kundendienstmitarbeiter): "Wir können damit beginnen, das Customer Relationship Management (CRM) System zu verbessern, um alle Kundenanfragen zu verfolgen und deren Probleme schneller zu lösen."

Maya (Schulungsleiterin): "Außerdem können wir Schulungsworkshops für das Kundendienstteam organisieren, um ihre Fähigkeiten im Umgang mit Kunden zu verbessern und exzellenten Service zu bieten."

Hala: "Ausgezeichnete Idee. Lassen Sie uns im ersten Monat mit der Aktualisierung des CRM-Systems beginnen und dann im folgenden Monat die Schulungsworkshops organisieren."

Auf diese Weise zerlegen die Teams große strategische Ziele in kleine, umsetzbare taktische Schritte, was ihnen hilft, ihre Ziele organisiert und effizient innerhalb festgelegter Zeiträume zu erreichen.

Yusuf leitete die taktische Planungssitzung für das Technologie-Team:
- Entwicklung einer Roadmap für neue Technologien, Priorisierung von Forschung und Entwicklung.

Layla leitete die Planungssitzung für das Finanzteam:
- Erstellung eines detaillierten Budgets für neue Projekte, Bestimmung der erforderlichen finanziellen Ressourcen.

Karim leitete die Planungssitzung für das Marketingteam:
- Gestaltung von Marketingkampagnen für neue Märkte, Stärkung der Marke.

Sarah leitete die Planungssitzung für das HR-Team:
- Entwicklung neuer Schulungsprogramme, Verbesserung der Rekrutierungsstrategien.

"Taktische Planung ist, wie wir unsere strategischen Ziele erreichen. Jedes Team muss seine Rolle kennen und effizient an deren Erreichung arbeiten," sagte Adam.

Ressourcenmanagement und -zuweisung

Ein wesentlicher Aspekt der taktischen Planung war die effektive Ressourcenverteilung. Adam stellte sicher, dass alle Teams die notwendigen Ressourcen (finanziell, personell, technisch) hatten, um ihre Pläne umzusetzen. Er überprüfte und verteilte die Budgets nach Prioritäten.

Zeitpläne festlegen und Verantwortlichkeiten zuweisen

Adam und sein Team setzten klare Zeitpläne für jeden Schritt der taktischen Pläne und wiesen jedem Teammitglied Verantwortlichkeiten zu. Sie nutzten Projektmanagement-Tools, um den Fortschritt zu verfolgen und sicherzustellen, dass die Fristen eingehalten wurden.

- Projektmanagement-Tools sind Programme und Software, die Teams und Unternehmen dabei helfen, Projekte zu planen, auszuführen und den Fortschritt zu verfolgen. Diese Tools bieten eine Möglichkeit, die Arbeit zu organisieren, die Kommunikation zu verbessern und die Einhaltung von Fristen zu gewährleisten. Zu den bekanntesten Projektmanagement-Tools gehören:
  - Trello
  - Asana
  - Jira
  - Microsoft Project
  - Basecamp
  - Smartsheet
  - Redmine
  - Clarizen
  - Monday.com
  - Wrike

Das Technologie-Team bei "Tech Excel" nutzte eines dieser Programme, um ein neues

Produktentwicklungsprojekt zu organisieren. Sie erstellten einen Plan, der alle Aufgaben wie Forschung, Entwicklung, Test und Markteinführung umfasste. Die Aufgaben wurden an die Teammitglieder verteilt und es wurden Fristen für jede Aufgabe festgelegt.

- **Forschung:** Informationen sammeln und den Markt analysieren.
- **Entwicklung:** Den Produktprototyp bauen.
- **Test:** Den Prototyp testen und die Qualität sicherstellen.
- **Markteinführung:** Die Marketingkampagne vorbereiten und das Produkt einführen.

Durch die Nutzung des Programms konnte das Team den Fortschritt einfach verfolgen, effektiv zusammenarbeiten und sicherstellen, dass die Fristen eingehalten wurden.

Implementierung und Nachverfolgung

Die Teams begannen mit der Umsetzung der taktischen Pläne. Adam etablierte ein periodisches Nachverfolgungssystem, um den Fortschritt und die Zielerreichung sicherzustellen.

- Monatliche Nachverfolgungssitzungen: Zur Überprüfung des Fortschritts, zur Lösung von Problemen und zur Anpassung der Pläne bei Bedarf.
- Regelmäßige Leistungsberichte: Zur Bewertung der Zielerreichung und der wichtigsten Leistungsindikatoren (KPIs).
- Halbjährliche Evaluierungssitzungen: Zur Beurteilung der Gesamtleistung und zur Identifizierung von Erfolgen und Herausforderungen.

Anpassung an Veränderungen

"Gute Umsetzung erfordert kontinuierliche Nachverfolgung und ständige Anpassungen. Wir können nicht erfolgreich sein, wenn wir nicht flexibel und anpassungsfähig sind",
sagte Adam in einer der Nachverfolgungssitzungen.

Die Fähigkeit, sich an Veränderungen anzupassen, war ein wesentlicher Bestandteil der taktischen Planung. Adam verstand, dass der dynamische Markt Flexibilität in der Planung und Ausführung erforderte.
Daher gab es ein System zur regelmäßigen Überprüfung und Anpassung der Pläne basierend auf Markt- und Technologieveränderungen.

Mit diesen Schritten konnte das Technologieteam ein neues Produkt mit innovativer Technologie entwickeln, was die Kundenbindung erhöhte und bedeutende Umsätze generierte.
Währenddessen gelang es dem Marketingteam, in einen neuen Markt einzutreten, was zu einer Steigerung des Marktanteils des Unternehmens um 20% führte.

Adam und sein Team schafften es, einen starken strategischen und taktischen Plan aufzustellen, der "Tech Excel" half, selbstbewusst voranzukommen und seine Vision und Ziele zu erreichen.

Erlernte Lektionen:

1. **Strategische Planung Verwandelt Vision in Realität:**
   - Strategische Planung hilft, große Ziele in erreichbare Initiativen zu verwandeln.
   - SWOT-Analyse trägt dazu bei, die aktuelle Situation zu verstehen und geeignete Strategien zu identifizieren.
2. **Taktische Planung Gewährleistet Effektive Ausführung:**
   - Taktische Pläne verwandeln große Ziele in umsetzbare Schritte.
   - Klare Zeitpläne festlegen und Verantwortlichkeiten verteilen, gewährleistet organisierten Einsatz und Ausführung.
3. **Effizientes Ressourcenmanagement:**
   - Effektive Ressourcenallokation stellt sicher, dass Teams alles haben, was sie benötigen, um Ziele zu erreichen.
   - Überprüfung von Budgets und Priorisierung der Allokationen erhöht die Effektivität der Ausführung.
4. **Regelmäßige Nachverfolgung und Anpassung an Veränderungen:**
   - Regelmäßige Nachverfolgungssitzungen helfen, das Momentum aufrechtzuerhalten.
   - Die Fähigkeit, sich an Veränderungen anzupassen, sichert kontinuierlichen Erfolg und verhindert Misserfolg.

Praktische Werkzeuge und Übungen
Werkzeug: Strategischer Planvorlage

1. **Vision:** Beschreiben Sie die allgemeine Vision des Unternehmens.
2. **Strategische Ziele:** Identifizieren Sie 3-5 zentrale strategische Ziele.
3. **Interne und Externe Analyse:** Verwenden Sie die SWOT-Analyse.
4. **Taktische Pläne:** Entwickeln Sie Pläne für jedes Team, um die Ziele zu erreichen.
5. **Leistungsindikatoren:** Bestimmen Sie KPIs zur Verfolgung des Fortschritts.

Übung: Strategische Planungswerkstatt

Sammeln Sie Ihr Team in einem Workshop, um strategische Ziele zu identifizieren und taktische Pläne zu entwickeln. Verwenden Sie die SWOT-Analyse als Ausgangspunkt und erstellen Sie dann detaillierte Pläne für jedes Team.

Inspirierende Zitate

"Planung ist nicht das Ende des Denkens, sondern der Anfang." - Blanchard und Hagler

"Strategie bedeutet, schwierige Entscheidungen zu treffen, die eine einzigartige Position schaffen." - Michael Porter

---

Diskussionsfragen

1. Wie wichtig ist die strategische Planung zur Erreichung von Zielen?
2. Wie kann die SWOT-Analyse verwendet werden, um effektive Strategien zu identifizieren?
3. Welche Herausforderungen können im taktischen Planungsprozess auftreten und wie können sie überwunden werden?

Kapitel Drei: Aufbau einer effektiven Kommunikationskultur

Nachdem die Vision, die gemeinsamen Ziele sowie die strategischen und taktischen Pläne festgelegt worden waren, erkannte Adam, dass der Erfolg von "Tech Excel" stark von der effektiven Kommunikation unter den Teammitgliedern abhing.
Es war klar, dass es Kommunikationslücken zwischen den verschiedenen Teams innerhalb des Unternehmens gab, die zu Missverständnissen und Projektverzögerungen führten.

Entdecken von Kommunikationslücken
Die Geschichte begann, als Adam Berichte von Abteilungsleitern über unerklärliche Projektverzögerungen und Unterschiede im Zielverständnis zwischen den verschiedenen Teams erhielt. Adam beschloss, Einzelgespräche mit jeder Abteilung zu führen, um die Quelle des Problems zu ermitteln. Durch diese Gespräche entdeckte er, dass das Fehlen einer effektiven Kommunikation die Hauptursache vieler Probleme war.
Daher konzentrierte er sich darauf, eine transparente und offene Kommunikationskultur aufzubauen.

Die Bedeutung effektiver Kommunikation
Bewertung der aktuellen Situation
Adam hielt einen Workshop mit allen Mitarbeitern ab, um den aktuellen Stand der Kommunikation im Unternehmen zu bewerten. Er bat die Mitarbeiter, ihre Erfahrungen und Beispiele für Missverständnisse oder Verzögerungen aufgrund schlechter Kommunikation zu teilen. Einige der Probleme beinhalteten:

1- Missverständnis der Projektanforderungen
In einem großen Projekt zur Entwicklung einer neuen Anwendung gab es ein Missverständnis zwischen dem Entwicklungsteam und dem Marketingteam hinsichtlich der endgültigen Anforderungen an die Anwendung. Das Marketingteam erwartete einige zusätzliche Funktionen, die dem Entwicklungsteam nicht klar mitgeteilt wurden.
- Fall: Das Marketingteam bat um die Hinzufügung einer bestimmten Funktion in der Anwendung. Die Anfrage wurde per kurzer und vager E-Mail ohne ausreichende Details gesendet.
- Ergebnis: Das Entwicklungsteam verstand die Anfrage falsch und begann mit der Entwicklung einer völlig anderen Funktion.
- Auswirkung: Die Teams entdeckten das Problem erst nach mehreren Wochen, was zu erheblichen Projektverzögerungen und erhöhten Kosten aufgrund der verschwendeten Zeit bei der Entwicklung der falschen Funktion führte.

2- Verzögerungen bei der Aufgabenausführung aufgrund schlechter Kommunikation
In einem anderen Projekt kam es zu Verzögerungen bei der Ausführung kritischer Aufgaben aufgrund schlechter Kommunikation zwischen dem Projektmanagement-Team und dem technischen Support-Team.
- Fall: Das Projektmanagement-Team wartete darauf, dass das technische Support-Team die notwendige Infrastruktur einrichtete, um mit bestimmten Aufgaben zu beginnen. Die Anfrage wurde nur mündlich kommuniziert und nicht dokumentiert oder ordnungsgemäß verfolgt.

- Ergebnis: Das technische Support-Team war sich der hohen Priorität der erforderlichen Aufgaben nicht bewusst und konzentrierte sich auf weniger wichtige Aufgaben.
- Auswirkung: Infolgedessen verzögerten sich die kritischen Aufgaben um einige Wochen, was zu einer Verzögerung im gesamten Projektzeitplan führte.

Auswirkungen schlechter Kommunikation
- Zeitplanverzögerungen: Missverständnisse und schlechte Kommunikation führen zu erheblichen Verzögerungen bei der Projektausführung.
- Erhöhte Kosten: Nacharbeiten und Fehlerkorrekturen aufgrund von Missverständnissen führen zu erhöhten Kosten.
- Niedrige Moral: Schlechte Kommunikation und Missverständnisse führen zu Frustration im Team und niedriger Mitarbeitermoral.

Wie Man Diese Situationen Handhabt
- Anforderungen Dokumentieren: Alle Anforderungen und Erwartungen klar und gründlich dokumentieren, um sicherzustellen, dass alle Parteien verstehen.
- Regelmäßige Meetings: Regelmäßige Meetings abhalten, um den Fortschritt zu überprüfen und sicherzustellen, dass alle auf derselben Seite sind.
- Prioritäten Setzen: Prioritäten klar definieren und kritische Aufgaben identifizieren, um den Fokus sicherzustellen.

Mit diesen Beispielen kann das Team die Bedeutung einer effektiven Kommunikation verstehen und

Probleme durch Missverständnisse oder Verzögerungen vermeiden.
Durch diesen Workshop erhielt das Team ein tiefes Verständnis für die Probleme, mit denen alle konfrontiert sind.

Adam begann damit, die Bedeutung einer effektiven Kommunikation zur Erreichung gemeinsamer Ziele hervorzuheben. Adam sagte in einem Treffen des Führungsteams: "Ohne effektive Kommunikation können wir unsere Ziele nicht erreichen. Gute Kommunikation fördert das Verständnis, baut Vertrauen auf und hilft uns, als ein Team zu arbeiten."
Aufgrund ihrer Erkenntnisse entwickelte Adam eine umfassende Strategie zur Verbesserung der Kommunikation.

Die Strategie konzentrierte sich auf drei Hauptbereiche:
1. **Interne Kommunikation**:
   - Wöchentliche Teambesprechungen zur Diskussion von Fortschritten und potenziellen Problemen fördern.
   - Nutzung digitaler Kommunikationstools wie Projektmanagement-Anwendungen und Instant-Messaging-Apps zur Erleichterung der täglichen Kommunikation.
2. **Abteilungsübergreifende Kommunikation**:
   - Monatliche Treffen organisieren, bei denen Vertreter aller Abteilungen zusammenkommen, um gemeinsame Projekte und Herausforderungen zu besprechen.
   - Gemeinsame Arbeitskomitees mit Mitgliedern aus verschiedenen

Abteilungen einrichten, um an großen Projekten zu arbeiten.
3. **Kommunikation mit dem oberen Management**:
    o Vierteljährliche Treffen mit dem oberen Management abhalten, um Fortschritte und strategische Probleme zu überprüfen.
    o Einen direkten Kommunikationskanal mit dem CEO einrichten, um Fragen und Ideen zu stellen.

Herramientas de Comunicación

Elegir las Herramientas de Comunicación Adecuadas
Adam y su equipo decidieron utilizar un conjunto de herramientas de comunicación para asegurar un flujo de información fluido entre todos los miembros del equipo. Las herramientas incluyeron:

- Aplicaciones de gestión de proyectos como Asana o Trello para organizar tareas y seguir el progreso.
- Aplicaciones de mensajería instantánea como Slack para mejorar la comunicación rápida y directa.
- Herramientas de reuniones virtuales como Zoom para facilitar la comunicación entre equipos remotos.

"Necesitamos elegir herramientas que se ajusten a nuestras necesidades y aseguren una comunicación efectiva," dijo Youssef, el gerente de tecnología.

Reglas para una Comunicación Efectiva

Estableciendo Reglas para una Comunicación Efectiva
Adam se dio cuenta de que mejorar las herramientas y estructuras no es suficiente sin mejorar las habilidades de comunicación de los empleados. Por lo tanto, organizó una serie de sesiones de capacitación enfocadas en:

- **Habilidades de escucha activa:** Enseñar a los empleados cómo escuchar atentamente y entender los problemas y necesidades de los demás.
- **Habilidades de expresión clara:** Capacitar a los empleados para expresar sus ideas con claridad y usar un lenguaje simple y directo.
- **Habilidades de resolución de conflictos:** Proporcionar técnicas para gestionar los conflictos de manera constructiva y evitar la escalada.

"La comunicación no es solo hablar, sino también escuchar. Necesitamos ser buenos oyentes para entender los problemas y necesidades de nuestro equipo," enfatizó Adam.

Luego estableció algunas reglas básicas para una comunicación efectiva para asegurar que la comunicación en la empresa sea consistente y clara:

- **Claridad:** Los mensajes deben ser claros y directos.
- **Transparencia:** La información debe compartirse de manera honesta y sin ocultamientos.
- **Oportunidad:** Los mensajes deben ser oportunos para evitar retrasos en el trabajo.
- **Escucha activa:** Todos deben escuchar atentamente y proporcionar retroalimentación constructiva.

Regelmäßige Kommunikationssitzungen

Regelmäßige Kommunikationssitzungen abhalten
Um die effektive Kommunikation zu verbessern, beschloss Adam, regelmäßige Kommunikationssitzungen mit dem Team abzuhalten. Diese Sitzungen umfassten:

- Wöchentliche Meetings: Um den Fortschritt zu überprüfen und Herausforderungen oder Probleme zu besprechen.
- Einzelgespräche: Zwischen Managern und Mitarbeitern, um die Leistung zu besprechen und Anleitung zu geben.
- Kommunikationsworkshops: Um die Kommunikationsfähigkeiten der Teammitglieder zu verbessern.

"Wir müssen die Kommunikation zu einem Teil unserer täglichen Kultur machen, nicht nur etwas, das wir tun, wenn Probleme auftreten," sagte Adam in einem der Meetings.

Nach einer Phase der Verbesserung der Kommunikation stand das Unternehmen vor einer großen Herausforderung. Es gab einen Defekt in einem der Produkte, der zu Kundenunzufriedenheit und einer Zunahme der Beschwerden führte. Diese Situation war ein echter Test für die Kommunikationsfähigkeit des Teams.

Komplexe Interaktion

Während der Krise gab es Meinungsverschiedenheiten unter den Managern darüber, wie das Problem zu lösen sei.

Adam: "Hallo zusammen. Wie ihr wisst, stehen wir vor einer großen Herausforderung aufgrund eines Defekts in einem unserer Produkte und einer Zunahme der Kundenbeschwerden. Diese Krise ist eine echte Bewährungsprobe für die Effektivität unserer internen

Kommunikation und unseres Kundenservice. Hala, wie gehen wir aus der Perspektive der Öffentlichkeitsarbeit und des Kundenservice mit dieser Situation um?"

Hala: "Wir müssen transparent und schnell in unserer Reaktion sein. Wir sollten eine offizielle Erklärung abgeben, die das Problem erklärt und uns bei den betroffenen Kunden entschuldigt. Zusätzlich sollten wir eine angemessene Entschädigung für die Kunden planen."

Leila: "Ich stimme dir zu, Hala. Wir müssen den Kunden zeigen, dass uns ihre Probleme wichtig sind und wir ihre Geduld schätzen."

Youssef: "Aber wir müssen auch sicherstellen, dass wir das technische Problem schnell und effektiv lösen, damit es nicht wieder vorkommt."

Adam: "Ja, Youssef. Wir müssen beide Ansätze kombinieren. Hala, wie können wir das integriert umsetzen?"

Hala: "Ich schlage vor, dass wir zunächst eine offizielle Erklärung abgeben, die das Problem erklärt und eine aufrichtige Entschuldigung bietet. Dann werden wir beginnen, die betroffenen Kunden individuell zu kontaktieren, um sie über die Maßnahmen zu informieren, die wir ergreifen, um das Problem zu lösen und sie zu entschädigen."

Maya (Schulungsleiterin): "Wir können auch Schulungsworkshops für das Kundenserviceteam organisieren, um ihre Fähigkeiten im Umgang mit Beschwerden und Krisenmanagement zu verbessern."

Khalid (Kundendienstmitarbeiter): "Zusätzlich können wir eine Datenbank erstellen, um alle Beschwerden zu verfolgen und sicherzustellen, dass jeder Fall bis zur vollständigen Lösung nachverfolgt wird."

Adam: "Gute Idee, Khalid. Lassen Sie uns sicherstellen, dass das Kundenserviceteam vollständig ausgestattet ist, um diese Krise effizient zu bewältigen. Können wir einen detaillierten Aktionsplan erstellen, der diese Schritte beinhaltet?"

Hala: "Ja, ich werde mit dem Team zusammenarbeiten, um einen Plan zu erstellen, der die Ausgabe der offiziellen Erklärung, den Kontakt mit den betroffenen Kunden und die Schulung des Teams im Krisenmanagement umfasst."

Leila: "Und ich werde daran arbeiten, das notwendige Budget für die Entschädigung der Kunden zu ermitteln und sicherzustellen, dass wir über ausreichende finanzielle Mittel verfügen, um diese Krise zu bewältigen."

Youssef: "Und ich werde das technische Team beaufsichtigen, um sicherzustellen, dass das Problem schnell und effektiv gelöst wird und in Zukunft nicht wieder vorkommt."

Adam: "Vielen Dank an alle. Denken Sie daran, dass effektive Kommunikation und Zusammenarbeit uns stärker aus dieser Krise herausbringen werden. Lassen Sie uns sofort mit der Umsetzung dieses Plans beginnen."

Alle: "Bereit, Adam."

Nach der Verbesserung der Kommunikationskultur bemerkte das Team eine deutliche Verbesserung der Teamarbeit und eine Steigerung der Mitarbeiterproduktivität.

Zum Beispiel:

• **Neues Produktentwicklungsprojekt:** Dank effektiver Kommunikation wurde das Projekt vor dem geplanten Termin mit hoher Qualität abgeschlossen.

• **Verbesserung des Kundenservice:** Dank Transparenz und guter Kommunikation wurde die Anzahl der Beschwerden reduziert und die Kundenzufriedenheit erhöht.

Erfahrungen:

1. **Die Bedeutung effektiver Kommunikation:**
   - Effektive Kommunikation ist das Rückgrat jeder erfolgreichen Organisation.
   - Schlechte Kommunikation führt zu Missverständnissen und Verzögerungen bei der Projektdurchführung.
2. **Interne Kommunikation:**
   - Regelmäßige Meetings und digitale Kommunikationstools fördern die Zusammenarbeit und das Verständnis unter den Teammitgliedern.
   - Aktives Zuhören und klares Sprechen sind wesentliche Fähigkeiten zur Verbesserung der Kommunikation.
3. **Abteilungsübergreifende Kommunikation:**
   - Gemeinsame Meetings und Arbeitsgruppen fördern das Verständnis und die Zusammenarbeit zwischen verschiedenen Abteilungen.
   - Direkte Kommunikationskanäle zur Geschäftsführung fördern Transparenz und Vertrauen.
4. **Schulung und Kommunikationstools:**
   - Schulungen in Kommunikationsfähigkeiten tragen zur Verbesserung der Teamleistung bei.
   - Der Einsatz effektiver Kommunikationstools erleichtert das Projektmanagement und die tägliche Kommunikation.

Werkzeuge und Praktische Übungen
Werkzeug: Vorlage für einen Effektiven Kommunikationsplan

1. Ziele Setzen: Was sind die Hauptziele der Teamkommunikation?
2. Werkzeuge Auswählen: Welche Werkzeuge werden für die Kommunikation verwendet?
3. Regeln Aufstellen: Welche Regeln leiten die Kommunikation im Team?
4. Regelmäßige Bewertung: Wie wird die Effektivität der Kommunikation bewertet und verbessert?

Übung: Workshop zur Verbesserung der Kommunikationsfähigkeiten

Sammeln Sie Ihr Team für einen Workshop, um die Kommunikationsfähigkeiten zu verbessern. Halten Sie kurze Vorträge über aktives Zuhören, Transparenz und konstruktives Feedback. Teilen Sie dann das Team in kleine Gruppen auf, um diese Fähigkeiten durch realistische Szenarien zu üben.

Inspirierende Zitate

"Kommunikation ist die Lebensader jedes erfolgreichen Teams." - John C. Maxwell

"Der beste Weg, Schwierigkeiten zu überwinden, ist, offen darüber zu sprechen." - Dale Carnegie

---

Diskussionsfragen

1. Wie kann die Kommunikationskultur in Ihrem Team verbessert werden?
2. Welche Werkzeuge sind am effektivsten, um die Kommunikation bei der Arbeit zu erleichtern?
3. Wie können Konflikte im Team konstruktiv gehandhabt werden?

Kapitel Vier: Aufgaben Effektiv Delegieren

Das Delegieren von Aufgaben ist eines der wesentlichen Elemente für den Erfolg in jeder Organisation.
Nachdem Adam und sein Team die Kommunikation verbessert hatten, bestand die nächste Herausforderung darin, die Arbeitseffizienz durch eine ordnungsgemäße Aufgabenverteilung zu steigern.
Adam stellte fest, dass einige Manager zögerten, Aufgaben zu delegieren, aus Angst, die Kontrolle zu verlieren oder weil sie dem Team nicht zutrauten, die Aufgaben richtig auszuführen.
Dieses Problem führte zu Burnout bei den Managern und zu Projektverzögerungen. Er bemerkte, dass die Manager zu viel Zeit mit operativen Aufgaben verbrachten, was ihre Fähigkeit behinderte, sich auf strategische Planung zu konzentrieren. Er hielt ein Treffen mit dem Führungsteam ab, um dieses Problem zu besprechen. Während des Treffens wurde klar, dass es große Vorbehalte bei der Delegation von Aufgaben gab und die Manager sich aufgrund der übermäßigen operativen Arbeitsbelastung unter Druck gesetzt fühlten.
Somit erkannten sie, dass sie ihre Fähigkeiten im Aufgaben-Delegieren verbessern müssen, um eine effiziente Arbeitsausführung zu gewährleisten und wie wichtig dies zur Steigerung der Produktivität und zur Weiterentwicklung der Mitarbeiter ist.

Die Bedeutung der Aufgaben Delegierung

Adam: "Willkommen, alle zusammen. Heute möchten wir über den Aufgaben-Delegationsprozess und die Bedeutung einer angemessenen Verteilung der Arbeitslast sprechen. Ich habe eine gewisse

Zurückhaltung bei der Delegation von Aufgaben bemerkt. Könnt ihr teilen, wie ihr euch zu diesem Thema fühlt?"

Laila: "Ehrlich gesagt, Adam, fühle ich mich ängstlich, wenn ich einige kritische Aufgaben delegiere. Ich mache mir Sorgen, dass die Qualität beeinträchtigt wird oder die Arbeit verzögert wird."

Yusuf: "Ich fühle dasselbe. Wir arbeiten an sensiblen technischen Projekten und manchmal denke ich, es ist einfacher und sicherer, die Aufgaben selbst zu erledigen, anstatt das Risiko einzugehen, sie zu delegieren."

Adam: "Ich verstehe eure Bedenken vollständig. Aber dieser zusätzliche Druck auf die Manager kann schädlich sein. Wir müssen einen Weg finden, diese Belastungen zu verringern. Laila, glaubst du, dass es etwas gibt, das wir tun können, um dein Vertrauen in die Delegation von Aufgaben zu erhöhen?"

Laila: "Vielleicht, wenn wir ein Schulungsprogramm zur Entwicklung der Fähigkeiten der Mitarbeiter hätten, würde ich mich wohler fühlen, Aufgaben zu delegieren."

Adam: "Das ist ein guter Vorschlag. Yusuf, was ist mit dir? Wie können wir dir helfen, Vertrauen in die Delegation von Aufgaben zu haben?"

Yusuf: "Ich denke, die Verbesserung des Nachverfolgungssystems wäre vorteilhaft. Wenn wir einen klaren Mechanismus hätten, um den Fortschritt zu verfolgen und sicherzustellen, dass alles nach Plan verläuft, könnte ich mich wohler fühlen, Aufgaben zu delegieren."

Adam: "Großartige Idee. Wir werden daran arbeiten, das Nachverfolgungssystem zu verbessern und die notwendige Unterstützung bereitzustellen. Unser Ziel ist es, größeres Vertrauen zwischen Managern und Mitarbeitern aufzubauen. Aufgaben zu delegieren bedeutet nicht nur, Lasten abzugeben, um die Zeit der Manager freizugeben; es ist auch eine Möglichkeit, die Fähigkeiten der Mitarbeiter zu entwickeln und Vertrauen innerhalb des Teams aufzubauen. Es ist auch eine Gelegenheit, unser Team zu entwickeln und effizienter zu machen."

Laila: "Ja, ich denke, das könnte hilfreich sein. Wenn die Mitarbeiter gut geschult und angemessen überwacht werden, kann dies dazu beitragen, den Druck zu verringern."

Yusuf: "Genau. Und ich denke, regelmäßig konstruktives Feedback zu geben, kann auch helfen, die Leistung zu verbessern und das Vertrauen zu erhöhen."

Adam: "Also werden wir damit beginnen, ein umfassendes Schulungsprogramm zur Verbesserung der Fähigkeiten der Mitarbeiter einzurichten, und wir werden ein effektives Nachverfolgungssystem etablieren. Unser Ziel ist es, jedes Teammitglied in die Lage zu versetzen, seine Aufgaben effizient zu erfüllen, sodass wir uns alle auf strategische Aspekte konzentrieren können, anstatt uns in operativen Details zu verlieren."

Sarah: "Ausgezeichnet, Adam. Ich denke, dies wird ein großer Schritt zur Verbesserung unserer Teamarbeit und zur Verringerung der Belastung der Manager sein."

Hala: "Ich stimme dir zu, Sarah. Lassen Sie uns diese Ideen so schnell wie möglich umsetzen."

Adam: "Danke euch allen für eure Ehrlichkeit. Lassen Sie uns gemeinsam daran arbeiten, diese Ziele zu erreichen und den Prozess der Aufgaben-Delegation effektiver und erfolgreicher zu gestalten."

Daher erkannten sie, dass sie ihre Fähigkeiten zur Aufgabenverteilung effektiv verbessern mussten, um eine effiziente Ausführung der Arbeit sicherzustellen. Die Bedeutung davon liegt in der Steigerung der Produktivität und der Entwicklung der Mitarbeiter.

Adam beschloss, einen Workshop zur Aufgabenverteilung zu organisieren. Mit dem Führungsteam und mehreren Mitarbeitern begann der Workshop mit einer Präsentation über die Bedeutung der Delegation zur Verbesserung der Produktivität und zur Stärkung des Teams.

Adam erklärte, wie eine richtige Delegation die Fähigkeiten des Teams verbessern und die Last der Manager verringern kann.

Adam: "Willkommen, alle zusammen, zum Workshop über Aufgabenverteilung. Das Ziel heute ist es, die Bedeutung der Delegation zu diskutieren und wie wir diesen Prozess in unserem Unternehmen verbessern können. Eine richtige Delegation ist nicht nur eine Möglichkeit, Lasten zu verteilen, sondern auch ein Werkzeug, um das Team zu stärken und die Produktivität zu steigern."

(Die Präsentation beginnt)

Adam: "Lassen Sie uns zuerst über die Vorteile der Delegation sprechen. Wenn die Delegation richtig gemacht wird, können sich die Manager auf strategische Ziele konzentrieren, anstatt sich in täglichen Aufgaben zu verlieren. Dies kann die Arbeitseffizienz erhöhen und zur Entwicklung der Führungskompetenzen der Mitarbeiter beitragen."

(Zeigt eine Folie mit Statistiken und Vorteilen)

Adam: "Laut Studien erreichen Unternehmen, die auf eine effektive Delegation setzen, 30% höhere Produktivität und sind flexibler im Umgang mit Herausforderungen. Lassen Sie uns von Ihnen hören, welche Schwierigkeiten haben Sie beim Delegieren von Aufgaben?"

Laila: "Für mich ist es schwierig sicherzustellen, dass die Aufgabe mit der gleichen Qualität erledigt wird, die ich erwarte, wenn ich sie nicht selbst erledige."

Yusuf: "Ich teile Lailas Bedenken. Bei Technologieprojekten kann jeder kleine Fehler teuer sein. Daher neige ich dazu, die Aufgaben selbst auszuführen, um die Qualität zu gewährleisten."

Adam: "Das ist verständlich. Aber denken Sie daran, dass eine richtige Delegation die Schulung der Mitarbeiter und die Bereitstellung der notwendigen Ressourcen und Unterstützung beinhaltet. Lassen Sie uns über die Schritte der effektiven Delegation sprechen."

(Zeigt eine Folie mit den Schritten der effektiven Delegation)

Adam: "Erstens, die richtige Person auswählen. Es ist wichtig, die Stärken und Schwächen jedes Teammitglieds zu kennen. Zweitens, die Erwartungen klar definieren. Drittens, die notwendige Unterstützung und Ressourcen bereitstellen. Und schließlich, den Fortschritt verfolgen und regelmäßig Feedback geben."

Karim: "Wie wählen wir also die richtige Person aus?"

Adam: "Gute Frage. Lassen Sie uns über die Ermittlung von Stärken und Schwächen sprechen. Lassen Sie uns mit einer einfachen Übung beginnen. Jeder Manager schreibt eine Liste der Stärken und Schwächen jedes Teammitglieds."

(Die Manager beginnen, die Listen zu schreiben)

Laila: "Adam, ich denke, diese Übung wird uns sehr helfen. Es gibt Mitglieder in meinem Team, die bestimmte Fähigkeiten haben, die ich nicht bemerkt hatte."

Adam: "Genau, Laila. Das Ziel ist es, das Potenzial jedes Teammitglieds zu erkennen. Lassen Sie uns nun zur Klärung der Erwartungen übergehen."

(Zeigt eine Folie darüber, wie man Erwartungen klärt)

Adam: "Beim Delegieren einer Aufgabe sollten wir den Zweck, die erforderlichen Schritte, die Kriterien zur Bewertung der Ergebnisse und die Fristen klarstellen. Kann jemand ein Beispiel für eine erfolgreich delegierte Aufgabe teilen?"

Yusuf: "Ja, bei einem kürzlich durchgeführten Projekt habe ich die Aufgabe, das neue System zu testen, einem der Entwickler übertragen. Ich habe alle Details und die notwendige Unterstützung bereitgestellt, und wir haben den Fortschritt regelmäßig verfolgt. Das Ergebnis war ausgezeichnet, und die Aufgabe wurde termingerecht und in hoher Qualität abgeschlossen."

Adam: "Das ist ein großartiges Beispiel, Yusuf. Lassen Sie uns nun zur Bereitstellung von Unterstützung übergehen. Was verstehen wir unter Unterstützung und wie können wir sicherstellen, dass die Mitarbeiter alles haben, was sie brauchen?"

Laila: "Unterstützung kann die Bereitstellung von Ressourcen, kontinuierliche Schulungen oder sogar kontinuierliche Anleitung sein. Ich denke, wir müssen den Bedarf an Unterstützung für jeden Mitarbeiter individuell identifizieren."

Adam: "Richtig. Die Unterstützung sollte auf jede Aufgabe und jeden Mitarbeiter zugeschnitten sein, da verschiedene Mitarbeiter unterschiedliche Arten von Unterstützung benötigen. Lassen Sie uns sehen, wie man Feedback gibt."

(Zeigt eine Folie zum Thema Feedback geben)

Adam: "Feedback sollte konstruktiv sein und sich auf die Leistungsverbesserung konzentrieren. Es sollte rechtzeitig erfolgen und sich auf veränderbare Verhaltensweisen konzentrieren. Kann jemand eine Erfahrung teilen, bei der Feedback effektiv war?"

Laila: "Einmal hatte ich einen Mitarbeiter, der Berichte verspätet eingereicht hat. Ich habe mich mit ihm zusammengesetzt und die Gründe und mögliche Lösungen besprochen. Ich habe ihm konstruktives

Feedback gegeben, wie er sein Zeitmanagement verbessern kann. Danach hat sich seine Leistung deutlich verbessert."

Adam: "Großartig, Laila. Das ist ein hervorragendes Beispiel dafür, wie man effektiv Feedback gibt. Zum Abschluss lassen Sie uns daran erinnern, dass Delegation nicht nur darin besteht, Lasten zu verteilen, sondern auch eine Gelegenheit ist, das Team zu entwickeln und ihre Fähigkeiten zu stärken. Kann mich jemand an die Grundlagen effektiver Delegation erinnern? "

Die richtige Person für jede Aufgabe auszuwählen, ist der erste Schritt zur effektiven Delegation. Yusuf sagte: "Wir müssen die Stärken und Schwächen jedes Teammitglieds kennen. Nur dann können wir Aufgaben so delegieren, dass der Erfolg gewährleistet ist."

Erwartungen klären durch gute Kommunikation ist wesentlich bei der Aufgabenverteilung. Karim sagte: "Es muss völlige Klarheit darüber herrschen, was erforderlich ist, die Fristen und die erwarteten Standards."

Bereitstellung von Unterstützung und Ressourcen für eine erfolgreiche Aufgabenverteilung müssen die Führungskräfte die notwendige Unterstützung und Ressourcen für die Mitarbeiter bereitstellen. Laila sagte: "Wir müssen sicherstellen, dass unsere Mitarbeiter alles haben, was sie brauchen, um die Aufgaben gut auszuführen."

(Adam beendet die Präsentation)

Adam: "Vielen Dank für Ihre Teilnahme. Jetzt haben wir eine praktische Übung, bei der Sie eine echte Aufgabe in

Ihren Teams delegieren und deren Ausführung mit den heute besprochenen Werkzeugen verfolgen werden."
(Alle beginnen mit der praktischen Übung)

Effektive Delegationstechniken

Während des Workshops wurden mehrere Techniken zur effektiven Aufgabenübertragung besprochen:

1. **Auswahl der richtigen Personen:**
   - Geeignete Aufgaben identifizieren und an Personen mit den erforderlichen Fähigkeiten und Erfahrungen delegieren.
   - Sicherstellen, dass der delegierte Mitarbeiter ein klares Verständnis der Aufgaben und Verantwortlichkeiten hat.
2. **Ziele klar definieren:**
   - Die Ziele und erwarteten Ergebnisse der delegierten Aufgaben klären.
   - Klare Anweisungen geben und die Kriterien festlegen, nach denen die Leistung gemessen wird.
3. **Unterstützung und Hilfe anbieten:**
   - Sicherstellen, dass der Mitarbeiter die notwendigen Ressourcen und Werkzeuge zur Verfügung hat, um die Aufgaben auszuführen.
   - Unterstützung und Anleitung bei Bedarf bieten, ohne zu sehr in die Details der Arbeit einzugreifen.
4. **Überwachen und Bewerten:**
   - Den Fortschritt der Arbeit regelmäßig überwachen und konstruktives Feedback geben.
   - Die Leistung des Mitarbeiters bewerten und Feedback geben, um eine kontinuierliche Verbesserung zu fördern.

Website-Entwicklungsprojekt
Laila wurde die Verantwortung für die Entwicklung der neuen Website des Unternehmens übertragen.
 Sie identifizierte das richtige Team, klärte die Erwartungen und stellte die notwendigen Ressourcen bereit.
Sie verfolgte regelmäßig den Fortschritt und gab konstruktives Feedback, was zur erfolgreichen und pünktlichen Veröffentlichung der Website führte.

Marketing-Kampagnen-Management
Youssef wurde mit der Leitung einer neuen Marketingkampagne beauftragt. Er delegierte Aufgaben effektiv an die Teammitglieder, was dazu beitrug, die Kampagne effizient durchzuführen und hervorragende Ergebnisse zu erzielen.

In einer Aufgabe übertrug Adam einem neuen Mitarbeiter eine kritische Aufgabe, ohne sicherzustellen, dass dieser bereit war. Dies führte zu Projektverzögerungen und dem Verlust einiger Kunden. Dieser dramatische Wendepunkt ließ Adam erkennen, wie wichtig es ist, die Bereitschaft der Mitarbeiter sicherzustellen, bevor kritische Aufgaben delegiert werden, sowie den Abteilungsleiter bei der Auswahl der Mitarbeiter zu konsultieren.

Delegationssystem
Klare Festlegung von Verantwortlichkeiten
 Adam etablierte ein System zur klaren Festlegung von Verantwortlichkeiten. Das Projekt wurde in spezifische Aufgaben unterteilt, die jeweils einer Person mit festgelegten Fristen zugewiesen wurden.

Fortschrittsüberwachung und Feedback
Adam implementierte ein System zur regelmäßigen Fortschrittsüberwachung und Feedback. Er sagte: "Wir müssen sicherstellen, dass wir den Fortschritt verfolgen und rechtzeitig konstruktives Feedback geben."

Leider gab es trotz all des Trainings Verzögerungen bei der Fertigstellung der Aufgaben. Als das Problem der Verzögerung angesprochen wurde, entstand Spannungen unter den Managern darüber, wer die Verantwortung übernehmen sollte.

Laila meinte, dass die Verantwortung beim neuen Mitarbeiter lag,
während Youssef der Meinung war, dass die Manager schuld waren, da sie nicht genügend Unterstützung boten.
Sarah argumentierte, dass die Verantwortung bei der Person lag, die die Aufgabe delegierte, ohne sich von der Kompetenz zu überzeugen.

"Wir müssen die Verantwortung für unsere Entscheidungen übernehmen und aus unseren Fehlern lernen. Wir müssen sicherstellen, dass unsere Mitarbeiter bereit sind, bevor wir ihnen kritische Aufgaben übertragen", sagte Adam entschlossen.

Die positiven Ergebnisse der Anwendung effektiver Delegationssysteme und der Verbesserung der Delegationsfähigkeiten
umfassten eine deutliche Verbesserung der Teamleistung und Produktivität. Zum Beispiel:

- **Neues Produktentwicklungsprojekt:** Das Projekt wurde dank effektiver Delegation mit hoher Effizienz abgeschlossen.

- **Verbesserte Kundenzufriedenheit:** Die Kundenzufriedenheit stieg aufgrund einer besseren und schnelleren Aufgabenausführung.

Lehren Gelernt:
1. **Bedeutung der Delegation zur Verbesserung der Produktivität:**
    - Durch richtige Delegation können sich Manager auf strategische Ziele konzentrieren.
    - Erhöht die Fähigkeiten des Teams und steigert die Mitarbeiterzufriedenheit.
2. **Auswahl der Richtigen Personen:**
    - Identifizieren Sie geeignete Aufgaben und delegieren Sie sie an Personen mit den erforderlichen Fähigkeiten.
    - Stellen Sie sicher, dass der Mitarbeiter die Aufgaben und Verantwortlichkeiten versteht.
3. **Klare Definition der Ziele:**
    - Geben Sie klare Anweisungen und setzen Sie Leistungsmessungskriterien fest.
    - Stellen Sie sicher, dass der Mitarbeiter die erwarteten Ergebnisse kennt.
4. **Unterstützung und Hilfe Anbieten:**
    - Stellen Sie die notwendigen Ressourcen und Werkzeuge zur Verfügung, um Aufgaben auszuführen.
    - Bieten Sie Anleitung und Hilfe bei Bedarf ohne übermäßige Einmischung an.
5. **Überwachung und Bewertung:**
    - Verfolgen Sie regelmäßig den Fortschritt und geben Sie konstruktives Feedback.
    - Bewerten Sie die Leistung und geben Sie Kommentare ab, um kontinuierliche Verbesserungen zu fördern.

Werkzeuge und Praktische Übungen:
Werkzeug: Aufgaben-Delegationsplan-Vorlage

1. **Aufgaben Identifizieren:** Welche Aufgaben müssen delegiert werden?
2. **Die Richtige Person Auswählen:** Wer ist die beste Person für die Ausführung jeder Aufgabe?
3. **Erwartungen Klären:** Was sind die erforderlichen Erwartungen und Standards?
4. **Unterstützung Bieten:** Welche Ressourcen und Unterstützung sind für die Ausführung der Aufgaben erforderlich?
5. **Fortschritt Überwachen:** Wie wird der Fortschritt überwacht und Feedback gegeben?

Übung: Delegationsfähigkeiten-Workshop

Versammeln Sie Ihr Team in einem Workshop, um die Delegationsfähigkeiten zu verbessern. Halten Sie kurze Vorträge über die Grundlagen der effektiven Delegation und teilen Sie dann das Team in kleine Gruppen auf, um diese Fähigkeiten anhand von realen Szenarien zu üben.

Inspirierende Zitate

"Effektive Delegation ist die Grundlage effektiver Führung." - Stephen Covey

"Vertrauen in Ihr Team ist der erste Schritt zu erfolgreicher Delegation." - Richard Branson

Diskussionsfragen

1. Wie kann der Aufgaben-Delegationsprozess in Ihrem Team verbessert werden?
2. Welche Herausforderungen haben Sie beim Delegieren von Aufgaben und wie können diese überwunden werden?
3. Wie kann sichergestellt werden, dass Mitarbeiter bei der Delegation von Aufgaben ausreichend unterstützt werden?

Kapitel Fünf: Schulung und kontinuierliche Entwicklung

Die Bedeutung von Investitionen in die Mitarbeiterentwicklung

Als Adam die Rolle des CEOs übernahm, erkannte er, dass die Mitarbeiterentwicklung eine der wichtigsten Säulen für den langfristigen Erfolg war. Er sah, dass die Mitarbeiter die wertvollsten Vermögenswerte des Unternehmens waren und dass Investitionen in ihre Fähigkeiten ihre Produktivität steigern und ihr Engagement für das Unternehmen erhöhen würden. Er glaubte, dass ein Arbeitsumfeld, das kontinuierliches Lernen fördert, ein Team schaffen würde, das in der Lage ist, sich an schnelle Marktveränderungen anzupassen und kontinuierlich zu innovieren.

Effektive Schulungsprogramme aufbauen

Um seine Vision umzusetzen, beschloss Adam, umfassende Schulungsprogramme zu organisieren, die alle Aspekte der Arbeit abdecken. Er hielt ein Treffen mit seinem Team ab, um zu besprechen, wie diese Programme aufgebaut werden könnten.

Adam: "Danke, dass ihr alle gekommen seid. Heute wollen wir darüber sprechen, wie wir effektive Schulungsprogramme aufbauen können, die uns helfen, unsere Vision zu verwirklichen. Sarah, kannst du uns ein paar Ideen geben?"

Sarah: "Natürlich, Adam. Ich denke, wir müssen zuerst die Schulungsbedarfe jeder Abteilung analysieren. Wir können Umfragen und Interviews mit den Mitarbeitern durchführen, um die Bereiche zu identifizieren, in denen sie ihre Fähigkeiten verbessern müssen."

Karim: "Außerdem können wir Experten von außerhalb des Unternehmens einladen, um Schulungsworkshops in spezialisierten Bereichen durchzuführen. Dies wird helfen, neue Ideen und moderne Arbeitsmethoden einzubringen."

Laila: "Ja, und ich denke, es ist auch wichtig, interne Schulungen durch erfahrene Mitarbeiter im Unternehmen anzubieten. Dies wird zum Wissensaustausch beitragen und die Mitarbeiter motivieren."

Youssef: "Vergessen wir nicht die Schulungen zu modernen Technologien. Wir sollten kontinuierliche Schulungsprogramme haben, um neue Software und Tools zu erlernen, die auf den Markt kommen."

Adam: "Ausgezeichnet. Lassen Sie uns mit der Entwicklung eines detaillierten Plans beginnen, der eine Bedarfsanalyse der Schulungen, die Identifizierung von Themen und Trainern sowie die Festlegung eines Schulungszeitplans umfasst. Sarah, kannst du dieses Projekt übernehmen?"

Sarah: "Absolut, Adam. Ich werde sofort mit der Vorbereitung der Umfragen und Interviews mit den Mitarbeitern beginnen."

Während der Umsetzung der Schulungsprogramme stieß das Unternehmen auf einige Herausforderungen. Es gab Meinungsverschiedenheiten unter den Managern darüber, wie die Schulungsressourcen verteilt werden sollten.

Laila: "Wir müssen uns zuerst auf die Schulung der wichtigen Abteilungen konzentrieren, um eine schnelle Kapitalrendite zu gewährleisten."

Youssef: "Aber alle Abteilungen brauchen gleichermaßen Schulung, um einen Leistungsabfall zu vermeiden."

Sarah: "Ich denke, wir sollten mit den wichtigen Abteilungen beginnen, aber die anderen nicht vernachlässigen. Wir können einen gestaffelten Schulungsplan implementieren, der alle Abteilungen abwechselnd einbezieht."

Workshop: Aufbau Effektiver Schulungsprogramme
Sarah und ihr Team hielten einen Workshop ab, um ein umfassendes Schulungsprogramm zu entwerfen, das alle Aspekte der Arbeit abdeckt. Sie begannen mit der Identifizierung des Schulungsbedarfs durch Umfragen und Interviews mit Mitarbeitern und Managern. Der Workshop konzentrierte sich auf die folgenden Elemente:

1. **Bewertung des Schulungsbedarfs:**
   - Es wurde eine Analyse durchgeführt, um Lücken in den aktuellen Fähigkeiten zu identifizieren und Bereiche zu bestimmen, die verbessert werden müssen.
   - Die aktuelle Leistung wurde analysiert und zukünftige Ziele wurden festgelegt, um das Schulungsprogramm zu leiten.
2. **Entwurf von Schulungsprogrammen:**
   - Schulungskurse wurden entwickelt, um verschiedenen Ebenen von Mitarbeitern

gerecht zu werden, von Anfängern bis hin zu Führungskräften.
  - Die Schulungsprogramme umfassten eine Vielzahl von Themen wie moderne Technologie, Managementfähigkeiten und Kundenservice.
3. **Durchführung von Schulungsprogrammen:**
  - Die Kurse wurden durch verschiedene Methoden angeboten, darunter Präsenzschulungen, Online-Kurse und interaktive Workshops.
  - Es wurden Experten und Spezialisten engagiert, um die Schulung durchzuführen und die Qualität des Inhalts sicherzustellen.
4. **Bewertung der Schulungseffektivität:**
  - Es wurden Mechanismen eingerichtet, um die Wirksamkeit der Schulungsprogramme durch Umfragen nach der Schulung und tatsächliche Leistungsbewertungen der Mitarbeiter zu bewerten.
  - Regelmäßige Bewertungen wurden durchgeführt, um die Programme zu verbessern und die Erreichung der gewünschten Ziele sicherzustellen.

Langfristige Vorteile der kontinuierlichen Entwicklung

Das Unternehmen begann mit der Umsetzung von Schulungs- und Entwicklungsprogrammen, und die Ergebnisse waren offensichtlich. Adam und sein Team bemerkten eine Steigerung der Mitarbeiterproduktivität und eine Verbesserung der Arbeitsqualität. Die Mitarbeiter wurden anpassungsfähiger an schnelle

Marktveränderungen und besser darauf vorbereitet, Innovationen zu entwickeln und neue Lösungen anzubieten.

Ein bemerkenswertes Beispiel war die Marketingabteilung. Nach einer Reihe von Schulungen zur Nutzung digitaler Analysetools konnte das Team die Effektivität ihrer Werbekampagnen um 30 % steigern. Laila konnte auch die Betriebskosten dank der Schulung in fortgeschrittenen Finanzanalysetools senken.

Adam hielt ein Treffen ab, um die Auswirkungen dieser Programme auf das Unternehmen zu überprüfen.

Adam: "Hallo zusammen. Ich wollte, dass wir uns heute treffen, um die Auswirkungen der Schulungsprogramme zu überprüfen, die wir in den letzten Monaten implementiert haben. Sarah, kannst du einen Bericht über die Ergebnisse vorlegen?"

Sarah: "Natürlich, Adam. Wir haben einen Anstieg der Mitarbeiterproduktivität um 15 % und eine Reduzierung der Fehlerquote um 10 % festgestellt. Zudem ergab die Umfrage, dass 85 % der Mitarbeiter mit den Schulungsprogrammen zufrieden sind und diese als nützlich für die Entwicklung ihrer Fähigkeiten betrachten."

Karim: "Das sind großartige Ergebnisse. Ich habe auch eine Verbesserung der Leistung des Marketingteams und ihrer Fähigkeit, neue Tools effektiv zu nutzen, bemerkt."

Laila: "Ich habe auch eine Verbesserung der finanziellen Effizienz dank der Schulungen zu fortgeschrittenen Finanztools festgestellt."

Youssef: "Im Technologiebereich sind wir besser in der Lage, neue Technologien schnell und effizient zu übernehmen und umzusetzen."

Adam: "Das ist hervorragend. Diese Ergebnisse bestätigen, dass unsere Investition in die Entwicklung der Mitarbeiter der richtige Schritt war. Lassen Sie uns weiterhin unsere Schulungsprogramme verbessern und entwickeln, um sicherzustellen, dass wir an der Spitze bleiben. Denken Sie daran, Schulung ist nicht nur ein Kostenfaktor, sondern eine Investition in unsere Zukunft."

Alle: "Einverstanden, Adam."

Erkenntnisse:

1. **Bedeutung der Investition in die Mitarbeiterentwicklung:**
    - Kontinuierliche Schulung und Entwicklung steigern die Effizienz und Arbeitszufriedenheit der Mitarbeiter.
    - Unternehmen, die in die Entwicklung ihrer Mitarbeiter investieren, profitieren von höheren Bindungsraten und besserer Produktivität.
2. **Aufbau Effektiver Schulungsprogramme:**
    - Die Bewertung des Schulungsbedarfs hilft dabei, zielgerichtete und effektive Schulungsprogramme zu entwerfen.
    - Eine Vielzahl von Schulungsmethoden (Präsenz, online, interaktiv) erfüllt unterschiedliche Bedürfnisse und verbessert die Wirksamkeit der Schulung.
3. **Bewertung der Schulungseffektivität:**

- Die regelmäßige Bewertung der Schulungsprogramme stellt sicher, dass die Ziele erreicht werden und die Programme kontinuierlich verbessert werden.
- Umfragen nach der Schulung und tatsächliche Leistungsbewertungen helfen, die Wirksamkeit der Schulung zu messen und Verbesserungsbereiche zu identifizieren.

4. **Langfristige Vorteile der kontinuierlichen Entwicklung:**
   - Kontinuierliche Schulung führt zu einer Verbesserung der Mitarbeiterleistung und einer Steigerung der Produktivität.
   - Die Mitarbeiterentwicklung steigert die Arbeitszufriedenheit, senkt die Fluktuationsrate und verbessert das allgemeine Arbeitsumfeld.

Um sicherzustellen, dass sich die Investition in die Schulung und Entwicklung der Mitarbeiter auszahlt, messen Sie die Leistungsverbesserung, reduzieren Sie die Mitarbeiterfluktuation, indem Sie die Fluktuationsraten verfolgen, und steigern Sie die Kundenzufriedenheit.

Werkzeuge und Praktische Übungen

Um die Anwendung der aus der Schulung gewonnenen Ideen zu gewährleisten, hier einige praktische Übungen wie:

- **Simulationsworkshops:** Um neue Fähigkeiten in einer realistischen Arbeitsumgebung anzuwenden.
- **Tägliche Herausforderungen:** Um die Mitarbeiter zu motivieren, das Gelernte in ihren täglichen Aufgaben anzuwenden.
- **Regelmäßige Überprüfungssitzungen:** Um Fortschritte zu diskutieren und Ideen zum Verbessern der Leistung auszutauschen.

Inspirierende Zitate

"Eine Investition in Wissen bringt die besten Zinsen." - Benjamin Franklin

---

Diskussionsfragen

1. Wie können wir die langfristige Effektivität von Schulungsprogrammen sicherstellen?
2. Welche Möglichkeiten gibt es, Mitarbeiter zu ermutigen, neue Fähigkeiten zu erlernen?
3. Wie können wir die Schulung verschiedener Abteilungen ausbalancieren, ohne die täglichen Abläufe zu stören?

Kapitel Sechs: Motivation und Verantwortlichkeit

Als Tech Excel sich weiterentwickelte und begann, seine strategischen und taktischen Pläne umzusetzen, erkannte Adam, dass Motivation und Verantwortlichkeit entscheidend für den anhaltenden Erfolg, das Erreichen von Zielen und die Verbesserung der Leistung waren.

Die Herausforderung bestand darin, das richtige Gleichgewicht zwischen der Motivation der Mitarbeiter zur Steigerung der Produktivität und der Aufrechterhaltung eines hohen Maßes an Überwachung zu finden, um sicherzustellen, dass die Ziele erreicht wurden.

Adam: "Hallo zusammen. Heute wollen wir über die Gesamtleistung unseres Teams und deren Verbesserung sprechen. Lassen Sie uns mit Ihren Gedanken zu den Methoden beginnen, die wir zur Teamführung und Zielerreichung verwenden. Karim, was denkst du?"

Karim (Marketing-Manager): "Ich glaube, dass Überwachung notwendig ist, um die Einhaltung von Standards und Zeitplänen zu gewährleisten. Deshalb verfolge ich immer alle Details der Arbeit genau, weil ich denke, dass dies die Qualität aufrechterhält und Fehler verhindert."

Laila (Finanzmanagerin): "Ich stimme dir zu, Karim. Im Finanzbereich benötigen wir eine große Genauigkeit, daher wenden wir auch eine strenge Überwachung an. Wir verwenden tägliche Nachverfolgungspläne und detaillierte Berichte, um sicherzustellen, dass wir uns an Budgets und Fristen halten."

Youssef (Technologie-Manager): "Aus meiner Sicht ist Motivation der Schlüssel. Wir brauchen ein Team, das sich inspiriert und kreativ fühlt. Ich konzentriere mich darauf, den Teams Freiheit in ihrer Arbeit zu geben und sie zur Innovation zu ermutigen. Ich glaube, dass Vertrauen in das Team langfristig bessere Ergebnisse bringt."

Hala (Public Relations Managerin): "Ich neige auch zur Motivation, aber ich sehe Überwachung als notwendig an, um die Arbeitsqualität zu gewährleisten. Wir verwenden Werkzeuge, um den Fortschritt zu verfolgen und Bereiche zur Verbesserung zu identifizieren, aber ich versuche immer, dies als Teil des Motivationsprozesses und nicht nur als Überwachung zu gestalten."

Sarah (HR-Managerin): "Für mich ist das Gleichgewicht zwischen Motivation und Überwachung entscheidend. Wir müssen Motivationsprogramme wie Leistungsprämien und öffentliche Anerkennung implementieren und gleichzeitig die Leistung genau überwachen, um sicherzustellen, dass die Ziele erreicht werden. Ich glaube, dass Wertschätzung und Motivation die Mitarbeiter mehr antreiben als strikte Überwachung."

Fatima (Managerin für Finanzanalyse): "In der Finanzanalyse stellen wir fest, dass das Gleichgewicht zwischen Überwachung und Motivation durch das Setzen klarer und spezifischer Ziele für jedes Team erreicht werden kann. Auf diese Weise weiß jeder, was von ihm erwartet wird und fühlt sich verantwortlich, hat aber auch die Freiheit, motiviert zu sein und zu innovieren."

Nada (Digital Marketing Managerin): "Im digitalen Marketing müssen wir uns schnell bewegen und unsere Strategien ständig anpassen. Daher gebe ich meinem Team viel Raum für Kreativität und Experimentieren, aber ich stelle sicher, dass wir die Ergebnisse regelmäßig verfolgen, um sicherzustellen, dass wir auf dem richtigen Weg sind."

Omar (Marketing-Analyst): "Ich denke, dass das Sammeln und Analysieren von Daten uns helfen kann, ein Gleichgewicht zwischen Überwachung und Motivation zu erreichen. Wenn wir unsere Leistung besser verstehen, können wir konstruktives Feedback geben und das Team motivieren, neue Ziele zu erreichen."

Maya (Trainingsmanagerin): "Aus meiner Sicht können wir Schulungen als Werkzeug zur Verbesserung sowohl der Motivation als auch der Überwachung nutzen. Durch kontinuierliche Schulungen stellen wir sicher, dass die Mitarbeiter die notwendigen Fähigkeiten besitzen und sich unterstützt fühlen, was ihre Leistung verbessert und den Bedarf an strenger Überwachung verringert."

Adam: "Vielen Dank für eure Beiträge. Es ist klar, dass es unter uns unterschiedliche Ansätze gibt. Einige bevorzugen strikte Überwachung, während andere die Motivation als das Wichtigste sehen. Wir müssen einen Weg finden, beide Ansätze zu kombinieren, um sicherzustellen, dass wir unsere Ziele erreichen, ohne dass sich das Team unter Druck gesetzt oder unmotiviert fühlt. Ich werde mit euch zusammenarbeiten, um einen Plan zu entwickeln, der Überwachung und Motivation ausbalanciert, um die bestmögliche Leistung für das

Unternehmen sicherzustellen. Wir treffen uns wieder. Vielen Dank an alle."

Die Herausforderung: Das Gleichgewicht Zwischen Motivation und Überwachung Finden

Adam: "Vielen Dank für Ihr Erscheinen heute. Wir möchten darüber sprechen, wie wir das Gleichgewicht zwischen Überwachung und Motivation finden können, um die beste Leistung unseres Teams zu gewährleisten. Es ist klar, dass wir unterschiedliche Ansätze haben. Also, lassen Sie uns Ihre Vorschläge hören, wie wir diese Situation verbessern können. Karim, was denken Sie?"

Karim (Marketingmanager): "Ich denke, wir müssen klare Leistungsstandards setzen und die Ziele präzise definieren, damit jeder weiß, was von ihm erwartet wird. Wir können auch technologische Werkzeuge verwenden, um den Fortschritt zu verfolgen und den Bedarf an direkter Überwachung zu verringern."

Laila (Finanzmanagerin): "Ich stimme Karim zu. Klare Standards und technologische Werkzeuge können helfen. Darüber hinaus können wir regelmäßige Follow-up-Meetings organisieren, um den Fortschritt zu besprechen und Probleme sofort zu lösen, anstatt zu warten, bis sie sich anhäufen."

Youssef (Technologiemanager): "Aus meiner Sicht können wir die Motivation verbessern, indem wir den Teams mehr Autonomie geben. Wir können die Ziele setzen und die Teams die Methode wählen lassen, die ihnen am besten passt, um diese Ziele zu erreichen. Das wird ihnen Vertrauen und Verantwortung geben."

Hala (Managerin für Öffentlichkeitsarbeit): "Ich glaube, das Gleichgewicht kann durch die Verbesserung der Kommunikation zwischen den Teams und dem Management erreicht werden. Wir können regelmäßige Feedback-Sitzungen abhalten, um einerseits Motivation und Anerkennung zu bieten und andererseits Bereiche zu identifizieren, die verbessert werden müssen."

Sarah (HR-Managerin): "Ich denke, wir können ein Belohnungssystem verwenden, um gute Leistung zu fördern. Die Mitarbeiter müssen sehen, dass ihre Anstrengungen geschätzt und belohnt werden. Zusätzlich können wir Schulungsprogramme implementieren, um die notwendigen Fähigkeiten zur Verbesserung der Leistung zu entwickeln."

Fatima (Managerin für Finanzanalyse): "Ich stimme zu, dass Motivation und Überwachung Hand in Hand gehen sollten. Wir können Leistungsberichte verwenden, um den Fortschritt zu analysieren und konstruktives Feedback zu geben. Das hilft den Teams zu verstehen, wie sie vorankommen und ermutigt sie, sich zu verbessern."

Nada (Managerin für digitales Marketing): "Im digitalen Marketing verlassen wir uns stark auf Experimentieren und Analyse. Daher können wir Daten verwenden, um das Team zu motivieren. Wenn das Team die Auswirkungen ihrer Bemühungen klar sieht, wird dies ihre Motivation erhöhen, mehr zu erreichen."

Omar (Marketing-Analyst): "Wir müssen ein System einrichten, um regelmäßig Ziele und Ergebnisse zu verfolgen. Dies ermöglicht es uns, zu wissen, ob wir auf dem richtigen Weg sind, und rechtzeitig Feedback und Motivation zu geben."

Maya (Trainingsmanagerin): "Wir können Schulungsprogramme anbieten, die sich auf effektive Delegation und Führungskräfteentwicklung konzentrieren. Dies gibt den Managern die Werkzeuge, die sie benötigen, um Überwachung und Motivation in einem ausgewogenen Verhältnis anzuwenden."

Adam: "Ausgezeichnet, das sind großartige Ideen. Basierend auf dem, was wir gehört haben, schlage ich die folgenden Schritte vor:
1. Setzen Sie klare Leistungsstandards und Ziele für jedes Team.
2. Verwenden Sie technologische Werkzeuge, um den Fortschritt und Leistungsberichte zu verfolgen.
3. Organisieren Sie regelmäßige Follow-up-Meetings, um den Fortschritt zu besprechen und Probleme zu lösen.
4. Implementieren Sie ein Belohnungssystem, um gute Leistung zu motivieren.
5. Verbessern Sie die Kommunikation zwischen den Teams und dem Management.
6. Bieten Sie Schulungsprogramme an, um Führungskompetenzen und effektive Delegation zu entwickeln.

Auf diese Weise können wir Überwachung und Motivation kombinieren, um die Zielerreichung zu gewährleisten und die Begeisterung des Teams aufrechtzuerhalten. Was denken Sie?"

Alle: "Einverstanden!"

Adam: "Großartig! Lassen Sie uns mit der Umsetzung dieser Schritte beginnen und beobachten, wie sich die Dinge verbessern. Aber vorher lassen Sie uns das ernsthaft prüfen und sicherstellen, dass es von guter

Qualität ist. Vielen Dank an alle für Ihre wertvollen Beiträge."

Workshop: Aufbau einer Kultur der Motivation und Verantwortung

Adam hielt einen Workshop mit seinem Team ab, um zu besprechen, wie man Motivation und Aufsicht in Einklang bringen kann.

Der Workshop begann mit Beispielen erfolgreicher Unternehmen, die dieses Gleichgewicht erreicht haben und wie dies ihre Leistung verbessert und die Zufriedenheit der Mitarbeiter erhöht hat.

Adam: "Hallo zusammen, danke, dass Sie heute hier sind. Heute werden wir diskutieren, wie wir eine Unternehmenskultur aufbauen können, die Motivation und Verantwortung kombiniert. Lassen Sie uns mit der Vorstellung einiger erfolgreicher Unternehmen beginnen, die dieses Gleichgewicht effektiv erreicht haben."

Karim: "Aus meinen Studien habe ich festgestellt, dass Google dieses Gleichgewicht erheblich erreicht hat. Durch die Bereitstellung eines Arbeitsumfelds, das Innovationen fördert und den Mitarbeitern die Freiheit gibt, Entscheidungen zu treffen, sahen sie greifbare Ergebnisse in Bezug auf gesteigerte Produktivität und Kreativität."

Laila: "Apple hat es auch geschafft, Motivation und Verantwortung in Einklang zu bringen, indem sie klare Ziele gesetzt und ein leistungsbasiertes Belohnungssystem verwendet haben. Dieser Ansatz hat dazu beigetragen, die Mitarbeiter zu motivieren, die Ziele genau und effizient zu erreichen."

Youssef: "Bei Facebook haben sie Datenanalysen verwendet, um die Leistung zu verfolgen und die Prozesse kontinuierlich zu verbessern. Diese Strategie war nützlich, um die Teams zu motivieren und sie für ihre gesetzten Ziele zur Verantwortung zu ziehen."

Hala: "Beispiele wie diese zeigen, dass das Gleichgewicht zwischen Motivation und Verantwortung nicht nur darin besteht, Managementziele zu erreichen, sondern auch die Zufriedenheit der Mitarbeiter zu verbessern und eine positive Arbeitskultur aufzubauen."

Sarah: "Aus der Sicht der Personalabteilung haben Unternehmen wie Zappos einzigartige Vorteile angeboten, die die Motivation verbessern, wie unbegrenzte Urlaubszeiten und flexible Arbeitszeiten. Diese Richtlinien haben geholfen, ein motivierendes und verantwortungsvolles Umfeld zu schaffen."

Fatima: "In meiner Analyse von Technologieunternehmen habe ich festgestellt, dass die Nutzung von Finanzanalysen zur Überwachung der Leistung und zur Bereitstellung regelmäßiger Berichte sehr hilfreich sein kann, um die Leistung effektiv zu verwalten und die Teams zu motivieren."

Nada: "Als Leiterin des digitalen Marketings sehe ich, dass kontinuierliche Innovation und Experimente eine große Rolle beim Aufbau einer Kultur der Motivation und Verantwortung spielen. Wir sollten bestrebt sein, Kreativität zu fördern und gleichzeitig die Ergebnisse genau zu überwachen."

Omar: "Aus meiner Erfahrung im Marketing können wir kontinuierliche Überwachungs- und Bewertungssysteme verwenden, um den Teams zu helfen, sich auf die strategischen Ziele zu konzentrieren und diese effektiv zu erreichen."

Maya: "Als Trainingsmanagerin ermutige ich, fortgeschrittene Trainingsprogramme anzubieten, die darauf abzielen, Führungsfähigkeiten zu verbessern und Kreativität innerhalb der Teams zu fördern. Diese Programme verbessern auf natürliche Weise die Motivation und Verantwortung."

Adam: "Vielen Dank an alle für Ihre wertvollen Beiträge. Basierend auf dem, was wir gehört haben, möchten wir diese Ideen nun in unserem Unternehmen umsetzen. Wir werden klare Leistungsstandards festlegen, technische Werkzeuge verwenden, um den Fortschritt zu verfolgen, und regelmäßige Follow-up-Meetings organisieren. Wir werden auch an der Entwicklung von Trainingsprogrammen und einem Belohnungssystem arbeiten, das die Leistung und Kreativität verbessert. Haben Sie weitere Vorschläge, bevor wir beginnen?"

Alle: "Wir sind einverstanden und bereit zur Zusammenarbeit!"

Adam: "Großartig! Lassen Sie uns mit der Arbeit an der Umsetzung dieser Schritte beginnen und den Geist der Zusammenarbeit und Motivation in allen Abteilungen des Unternehmens aufrechterhalten. Vielen Dank noch einmal für Ihre Bemühungen."

Zielsetzung zur Motivation
Motivationsworkshops
Laila begann damit, einen Workshop mit dem Team abzuhalten, um die zentralen Motivationsziele zu identifizieren. Das Team erstellte eine Liste der Motivationsziele, die Folgendes umfassen:
- Verbesserung der Leistung und Produktivität.
- Steigerung der Loyalität und Zugehörigkeit zum Unternehmen.
- Förderung von Innovation und Kreativität.
- Unterstützung der beruflichen und persönlichen Entwicklung der Mitarbeiter.

"Wir müssen sicherstellen, dass sich jeder Mitarbeiter wertgeschätzt fühlt und die Möglichkeit hat, zu wachsen und sich zu entwickeln", betonte Laila die Bedeutung der Unterstützung der beruflichen Entwicklung.

Entwicklung des Motivationssystems
Einführung eines Belohnungssystems
Karim schlug vor, ein Belohnungssystem einzuführen, das gute Leistungen fördert und die Mitarbeiter motiviert, ihre Ziele zu erreichen. Das System umfasste:
- Finanzielle Belohnungen für herausragende Leistungen.
- Anerkennungsprogramme für Mitarbeiter, die Engagement und Kreativität zeigen.
- Möglichkeiten zur beruflichen Weiterentwicklung, wie Schulungen und Workshops.

"Belohnungen sind nicht nur eine Frage des Geldes, sondern des Gefühls der Wertschätzung und Zugehörigkeit", betonte Karim die Bedeutung der nicht-finanziellen Aspekte der Motivation.

Umsetzung von Verantwortlichkeitssystemen

Festlegung von Leistungsstandards

Youssef präsentierte einen Plan zur Umsetzung von Verantwortlichkeitssystemen, die auf klaren und messbaren Leistungsstandards basieren. Der Plan umfasste:

- Definition von Key Performance Indicators (KPIs) für jede Position.
- Regelmäßige Leistungsbewertungen.
- Halbjährliche Überprüfungssitzungen zur Diskussion des Fortschritts und der Herausforderungen.

"Verantwortlichkeit bedeutet, dass wir alle dafür verantwortlich sind, die gesetzten Ziele zu erreichen und transparent zu arbeiten", erklärte Youssef die Bedeutung der Klarheit bei den Leistungsstandards.

Umsetzung von Motivations- und Verantwortlichkeitssystemen

Nachverfolgungs- und Motivationsmeetings

Die Teams begannen mit der Umsetzung der Motivations- und Verantwortlichkeitssysteme. Laila organisierte monatliche Nachverfolgungssitzungen, um den Fortschritt zu überprüfen und die Teams zu motivieren, gute Leistungen beizubehalten.

"Wir müssen in ständigem Kontakt bleiben und weiterhin Unterstützung und Wertschätzung für alle zeigen", sagte Laila in einem der Nachverfolgungsmeetings.

Effektives Motivationssystem
Beispiele für Positive Ergebnisse aus der Umsetzung dieser Systeme

Zum Beispiel gelang es dem Marketingteam, die Anzahl der Neukunden nach der Implementierung des neuen Motivationssystems erheblich zu steigern. Finanzielle Belohnungen und Anerkennungsprogramme waren ein großer Antrieb für sie, diesen Erfolg zu erzielen.

Alis Erfolgsgeschichte:

Ali, einer der Projektmanager des Unternehmens, hatte Schwierigkeiten, sein Team zu leiten und Ziele zu erreichen. Durch regelmäßige Bewertungen und konstruktives Feedback verbesserte er seine Führungsfähigkeiten und entwickelte sein Team weiter. Ali wurde zu einem effektiven Leiter, und sein Team erzielte bemerkenswerte Erfolge in mehreren Projekten, was zu einer verbesserten Kundenzufriedenheit und höheren Einnahmen führte.

Verbesserung der Gesamtleistung:

Nach der Einführung des Belohnungs- und Anerkennungssystems bemerkte Adam eine deutliche Verbesserung der Mitarbeiterleistung und eine Steigerung der Begeisterung und Motivation. Das Unternehmen wurde besser in der Lage, seine strategischen Ziele zu erreichen und seinen Marktanteil zu erhöhen. Die Verbesserung des Teamgeists durch Gruppenaktivitäten verbesserte das Arbeitsumfeld und erhöhte die Mitarbeiterzufriedenheit.

Motivations- und Verantwortlichkeitssystem
Wie man Motivation und Kontrolle Ausbalanciert

1. **Klare und Definierte Ziele Setzen:**
   - Klare Ziele helfen, die Anstrengungen des Teams zu lenken und das Gefühl der Erfüllung zu steigern, wenn sie erreicht werden.
   - Leistungsstandards wurden für jeden Mitarbeiter festgelegt und mit den Gesamtzielen des Unternehmens verknüpft.
2. **Individuelle Initiativen Fördern:**
   - Die Unterstützung neuer Ideen und individueller Initiativen fördert Innovation und Motivation.
   - Belohnungen und Anerkennung werden an Mitarbeiter vergeben, die hervorragende Leistungen zeigen oder innovative Ideen einbringen.
3. **Konstruktives Feedback Geben:**
   - Kontinuierliches Feedback hilft den Mitarbeitern, ihre Stärken und Schwächen zu erkennen und daran zu arbeiten.
   - Feedback sollte konstruktiv und auf Leistungsverbesserung ausgerichtet sein, nicht auf negative Kritik.
4. **Ein Anregendes Arbeitsumfeld Schaffen:**
   - Schaffung eines Arbeitsumfelds, das Zusammenarbeit und positive Interaktion unter den Mitarbeitern fördert.
   - Organisation von Veranstaltungen und Aktivitäten, die den Teamgeist stärken und die Beziehungen unter den Mitarbeitern verbessern.

Systeme zur Motivation des Teams und zur Erreichung von Verantwortlichkeit

1. **Belohnungs- und Anerkennungssystem:**
    - Es wurde ein Belohnungssystem entwickelt, das auf Leistung und Erfolgen basiert und finanzielle und nicht-finanzielle Belohnungen wie Anerkennungsurkunden und Weiterbildungsmöglichkeiten umfasst.
    - Hervorragende Mitarbeiter werden in den monatlichen Unternehmensbesprechungen anerkannt, um einen positiven Wettbewerb zu fördern.
2. **Regelmäßiges Bewertungssystem:**
    - Ein regelmäßiges Bewertungssystem wurde implementiert, um die Leistung der Mitarbeiter regelmäßig zu überprüfen und Verbesserungsbereiche zu identifizieren.
    - Halbjährliche Überprüfungssitzungen werden organisiert, um Fortschritte und die Erreichung der gesetzten Ziele zu besprechen.
3. **Gruppenverantwortlichkeitssystem:**
    - Es werden Mechanismen der Gruppenverantwortung angewendet, bei denen Ziele als Team und nicht nur als Einzelpersonen erreicht werden.
    - Verbesserung des Teamgeists und der Zusammenarbeit durch gemeinsame Verantwortung für den Projekterfolg.

Gelerntes:
1. **Balance zwischen Motivation und Überwachung:**
   - Motivation steigert die Produktivität und Kreativität, während Überwachung sicherstellt, dass Ziele erreicht und Leistungsstandards gehalten werden.
   - Überwachung sollte auf Vertrauen und Unterstützung basieren, nicht auf Kontrolle und Druck.
2. **Effektive Motivations- und Verantwortungssysteme:**
   - Belohnungs- und Anerkennungssysteme fördern positive Konkurrenz und steigern die Mitarbeiterzufriedenheit.
   - Regelmäßige Bewertungen helfen dabei, Verbesserungsbereiche zu identifizieren und kontinuierliche Leistung zu fördern.
   - Gruppenverantwortung stärkt den Teamgeist und die Zusammenarbeit.
3. **Beispiele für positive Ergebnisse:**
   - Erfolgsstories von Einzelpersonen und Gruppen zeigen die Bedeutung von Motivation und Verantwortung beim Erreichen von Zielen.
   - Verbesserung des Arbeitsumfelds und steigende Mitarbeiterzufriedenheit führen zu einer allgemeinen Leistungssteigerung des Unternehmens.

Werkzeuge und praktische Übungen

Werkzeug: Vorlage für einen Motivations- und Verantwortungsplan

1. **Motivationsziele festlegen:** Was sind die Hauptziele, die wir durch Motivation erreichen wollen?
2. **Leistungsstandards festlegen:** Welche Standards verwenden wir zur Bewertung der Leistung?
3. **Belohnungssystem gestalten:** Wie belohnen wir herausragende Leistungen?
4. **Überwachungssysteme implementieren:** Wie stellen wir sicher, dass der Fortschritt verfolgt und Ziele erreicht werden?

Übung: Workshop zu Motivation und Verantwortung

Versammle dein Team zu einem Workshop, um ein Motivations- und Verantwortungssystem zu entwickeln. Beginne mit der Festlegung von Zielen und Standards, dann gestalte ein Belohnungssystem, das den Bedürfnissen deines Teams entspricht. Beende den Workshop mit einer Diskussionsrunde darüber, wie diese Systeme effektiv implementiert werden können.

Inspirierende Zitate

"Motivation ist, was dich anfangen lässt. Gewohnheit ist, was dich weitermachen lässt." - Jim Rohn

"Verantwortung ist die Anerkennung, dass jeder für seine Handlungen verantwortlich sein muss." - Patrick Lencioni

---

Diskussionsfragen

1. Wie kannst du das Motivationssystem in deinem Team verbessern?
2. Welche Herausforderungen begegnen dir bei der Implementierung von Verantwortungssystemen und wie kannst du sie überwinden?
3. Wie kannst du sicherstellen, dass ein Gleichgewicht zwischen Motivation und Verantwortung besteht, um Ziele zu erreichen?

Kapitel Sieben: Kontinuierliche Verbesserung und Innovation

Als das Unternehmen Fortschritte bei der Erreichung seiner Ziele machte, erkannten Adam und sein Team, dass kontinuierliche Verbesserung und Innovation der Schlüssel waren, um Wachstum und Überlegenheit auf dem Markt zu erhalten. Es war notwendig, ein Umfeld zu schaffen, das kreatives Denken fördert und regelmäßig Verbesserungen umsetzt.

Eine Kultur der kontinuierlichen Verbesserung etablieren

Identifizierung von Verbesserungsbereichen

Adam hielt ein neues Treffen mit dem Führungsteam ab, um zu besprechen, wie man eine Kultur der kontinuierlichen Verbesserung im Unternehmen verankern kann. An dem Treffen nahmen die Hauptmanager sowie einige Mitarbeiter aus verschiedenen Abteilungen teil.

"Wir müssen die kontinuierliche Verbesserung zu einem Teil unserer täglichen Kultur machen. Dies erfordert das Engagement aller, ständig nach Möglichkeiten zur Leistungsverbesserung und Innovation in ihrer Arbeit zu suchen", sagte Adam zur Eröffnung des Treffens.

Yousef: "Ja, absolut. Lassen Sie uns damit beginnen, die Bereiche zu identifizieren, die verbessert werden müssen. Können wir uns unsere aktuelle Leistung ansehen und die Bereiche herausfinden, die wir verbessern können?"

Adam: "Einverstanden, lassen Sie uns damit beginnen, unsere Leistung zu überprüfen und die Punkte zu identifizieren, auf die wir uns konzentrieren müssen."

Das Treffen begann dann mit einer Sitzung zur Identifizierung der Bereiche, die verbessert werden müssen. Yousef leitete die Sitzung, in der das Team die aktuelle Leistung überprüfte und Verbesserungsmöglichkeiten identifizierte.

"Wir müssen ehrlich zu uns selbst sein und die Schwächen identifizieren, die wir verbessern können", sagte Yousef und betonte die Bedeutung von Transparenz in dieser Phase. "Ich glaube, es ist wichtig, damit zu beginnen, interne Prozesse zu diskutieren. Ich habe unsere aktuellen Effizienz- und Produktivitätsniveaus analysiert, und es gibt einige Möglichkeiten, die Prozesse zu verbessern, insbesondere in Bezug auf die Vereinfachung der Verfahren und die bessere Ressourcenzuweisung."

Fatima: "Ich stimme dir zu, Yousef. Zusätzlich gibt es einen dringenden Bedarf, die Schulung zu neuen Prozessen zu verbessern und sie regelmäßig zu aktualisieren, um sicherzustellen, dass wir auf dem neuesten Stand der Industriestandards sind."

Laila: "In Bezug auf den Kundenservice müssen wir dringend unsere Reaktionszeit und die Servicequalität verbessern. Gibt es Vorschläge, wie wir das besser erreichen können?"

Maya: "Wir können ein System entwickeln, um die Reaktionszeit und die Bearbeitung von Kundenanfragen zu verfolgen, sowie die Kommunikation mit den Kunden in allen Phasen des Service zu verbessern, um ihre Zufriedenheit zu gewährleisten."

Omar: "In Bezug auf die Technologie, können wir darüber nachdenken, die aktuellen Systeme zu aktualisieren und neue technologische Werkzeuge zu verwenden? Dies könnte helfen, unsere Effizienz zu verbessern und mehr Daten für die Entscheidungsfindung bereitzustellen."

Sarah: "Ich stimme dir zu, Omar. Wir sollten in die Schulung unseres Teams in den neuen Systemen und deren effektiver Nutzung investieren."

Adam: "Großartig, danke an alle für die wertvollen Beiträge. Wir werden jetzt spezifische Handlungsschritte für jeden dieser Bereiche festlegen und regelmäßige Folgetreffen abhalten, um den Fortschritt zu überprüfen. Gibt es noch weitere Fragen oder Anmerkungen, bevor wir abschließen?"

Beispiele für Verbesserungsbereiche

- Interne Prozesse: Verbesserung der Effizienz und Produktivität.
- Kundendienst: Verbesserung der Reaktionsgeschwindigkeit und Servicequalität.
- Technologie: Aktualisierung der Systeme und Nutzung neuer Werkzeuge.
- Marketing: Entwicklung neuer Strategien zur Erreichung von Kunden.

Förderung von Innovation
Innovationsworkshops

Leila organisierte Workshops, um Innovationen unter den Mitarbeitern zu fördern. Diese Workshops umfassten Brainstorming-Sitzungen und Pilotprojekte zur Umsetzung neuer Ideen.

"Innovation kommt von jedem. Wir müssen jeden Mitarbeiter ermutigen, seine Ideen einzubringen und an der Verbesserung des Unternehmens teilzunehmen", sagte Leila und betonte die Bedeutung der kollektiven Beteiligung an Innovationen.

Umsetzung von Verbesserungen und Innovationen

Durchführung von Verbesserungen

Nach der Identifizierung von Verbesserungsbereichen und der Förderung von Innovation begannen die Teams, Verbesserungen und Innovationen in ihren täglichen Abläufen umzusetzen. Karim führte das Marketingteam bei der Umsetzung neuer Marketingstrategien, während Yousef das Technologieteam bei der Aktualisierung von Systemen und der Verbesserung von Prozessen leitete.

"Die Umsetzung ist der Schlüssel. Wir müssen sicherstellen, dass wir Verbesserungen effektiv umsetzen und deren Auswirkungen kontinuierlich bewerten", sagte Adam.

Überwachung von Verbesserungen

Nachfolgetreffen zur Verbesserung

Sarah organisierte regelmäßige Nachfolgetreffen, um den Fortschritt zu überprüfen und die Auswirkungen der Verbesserungen und Innovationen zu bewerten. Diese Treffen beinhalteten Diskussionen über Erfolge, Herausforderungen und Möglichkeiten zur kontinuierlichen Leistungsverbesserung.

"Wir müssen flexibel sein und bereit sein, unsere Pläne basierend auf den Ergebnissen anzupassen", sagte Sarah.

Erfolgreiche Innovation

Das Technologieteam entwickelte eine neue App, die das Kundenerlebnis und die Kundenbindung verbesserte. Gleichzeitig verbesserte das Kundendienstteam die Reaktionszeiten auf Beschwerden, was zu einer höheren Kundenzufriedenheit führte.

Aus diesen Erkenntnissen lässt sich ein tieferes Verständnis für die Bedeutung dieses Prozesses und dessen erfolgreiche Umsetzung am Arbeitsplatz ableiten.

1. **Bedeutung der Unternehmenskultur:**
   - **Kultur der kontinuierlichen Verbesserung:** Förderung einer Kultur, die kontinuierliche Verbesserung auf allen Ebenen des Unternehmens unterstützt.
   - **Transparenz und Offenheit:** Die Bedeutung von Transparenz und Offenheit für neue Ideen von allen Mitarbeitern.
2. **Regelmäßige Bewertung und Analyse:**
   - **Leistungsanalyse:** Durchführung regelmäßiger Leistungsbewertungen zur Identifizierung von Stärken und Schwächen.
   - **Datennutzung:** Wie man Daten und Analysen verwendet, um fundierte Entscheidungen zu treffen.
3. **Technologie und Innovation:**
   - **Technologieübernahme:** Vorteile der Übernahme neuer Technologien zur Steigerung der Effizienz und Produktivität.

- **Investition in F&E:** Die Bedeutung der Investition in Forschung und Entwicklung, um wettbewerbsfähig zu bleiben.
4. **Schulung und Entwicklung:**
    - **Kontinuierliche Schulung:** Die Bedeutung der Bereitstellung kontinuierlicher Schulungsprogramme, um mit technologischen und industriellen Veränderungen Schritt zu halten.
    - **Kompetenzentwicklung:** Wie man die Fähigkeiten der Mitarbeiter entwickelt, um neuen Herausforderungen zu begegnen.
5. **Change Management:**
    - **Anpassung an Veränderungen:** Die Bedeutung der Anpassung an Veränderungen im Markt und in der Technologie.
    - **Einbindung der Mitarbeiter:** Einbindung der Mitarbeiter in den Veränderungsprozess, um dessen Erfolg zu gewährleisten.
6. **Teamzusammenarbeit:**
    - **Effektive Kommunikation:** Die Bedeutung effektiver Kommunikation zwischen verschiedenen Teams zur Verbesserung der Prozesse.
    - **Teamarbeit:** Förderung der Teamarbeit zur Lösung von Problemen und zur Innovation.
7. **Inspirierende Führung:**
    - **Rolle der Führung:** Wie inspirierende Führung die Mitarbeitermotivation beeinflusst und Innovationen fördert.

- **Anleitung und Unterstützung:** Die Bedeutung der kontinuierlichen Anleitung und Unterstützung der Teams.
8. **Motivation und Belohnungen:**
   - **Belohnungssystem:** Entwicklung eines Belohnungssystems, das Innovation und kontinuierliche Verbesserung fördert.
   - **Anerkennung der Bemühungen:** Anerkennung der innovativen Bemühungen der Mitarbeiter und Ermutigung, ihre gute Arbeit fortzusetzen.
9. **Strategische Planung:**
   - **Zielsetzung:** Wie man klare strategische Ziele für Verbesserung und Innovation setzt.
   - **Erstellung taktischer Pläne:** Entwicklung taktischer Pläne zur Erreichung strategischer Ziele.
10. **Lernen aus Fehlern:**
    - **Lernen aus Misserfolgen:** Die Bedeutung des Lernens aus Fehlern und Misserfolgen als Teil des kontinuierlichen Verbesserungsprozesses.
    - **Fehleranalyse:** Wie man Misserfolge analysiert und daraus Lehren zieht, um zukünftige Prozesse zu verbessern.

Werkzeuge und Praktische Übungen
Werkzeug: Kontinuierlicher Verbesserungsplan

1. Bereiche zur Verbesserung identifizieren: Welche Bereiche benötigen Verbesserung?
2. Ziele setzen: Welche Ziele wollen wir durch die Verbesserung erreichen?
3. Einen Verbesserungsplan entwickeln: Welche Schritte werden wir unternehmen, um die Leistung zu verbessern?
4. Verbesserungen umsetzen: Wie werden wir die Verbesserungen im täglichen Arbeitsablauf anwenden?
5. Verbesserungen verfolgen: Wie werden wir die Auswirkungen der Verbesserungen bewerten und notwendige Anpassungen vornehmen?

Übung: Innovationsworkshop

Versammeln Sie Ihr Team zu einem Workshop, um neue Ideen und mögliche Verbesserungen zu identifizieren. Nutzen Sie Brainstorming-Sitzungen und Pilotprojekte, um neue Ideen umzusetzen und deren Auswirkungen zu bewerten.

Inspirierende Zitate

"Kontinuierliche Verbesserung ist die Grundlage für nachhaltigen Erfolg." - W. Edwards Deming

"Innovation unterscheidet zwischen einem Anführer und einem Nachfolger." - Steve Jobs

---

Diskussionsfragen

1. Wie können die Prozesse in Ihrem Team verbessert werden, um eine größere Effizienz zu erreichen?
2. Welche neuen Ideen können angewendet werden, um Innovation in Ihrer Arbeit zu fördern?
3. Wie können wir sicherstellen, dass Verbesserungen effektiv implementiert werden und deren Auswirkungen kontinuierlich überwacht werden?

Kapitel Acht: Anpassen und Reagieren auf Veränderungen

Als "Tech Excel" weiterhin wuchs und in neue Märkte expandierte und sich die Märkte entwickelten, erkannte Adam, dass die Fähigkeit, sich an schnelle Veränderungen in der Geschäftsumgebung anzupassen, entscheidend für die Aufrechterhaltung von Erfolg und Exzellenz war. Die Anpassung an Veränderungen erfordert jedoch flexibles Denken und effektive Strategien, um plötzliche Veränderungen zu bewältigen. Die größte Herausforderung, der er gegenüberstand, war, wie er das Unternehmen und seine Mitarbeiter widerstandsfähig und anpassungsfähig an die neuen Herausforderungen und Chancen machen konnte, die ständig entstehen.

Herausforderungen Bewältigen
Die Bedeutung von Flexibilität am Arbeitsplatz und der Anpassung an Veränderungen
Adam hielt ein ausführliches Treffen mit dem Führungsteam ab, um Strategien zur Anpassung an Veränderungen zu besprechen. An dem Treffen nahmen alle wichtigen Manager sowie einige Mitarbeiter aus verschiedenen Abteilungen teil.

Adam sprach über die Bedeutung von Flexibilität am Arbeitsplatz. Er betonte, dass Unternehmen, die in der Lage sind, sich schnell an Veränderungen anzupassen, einen erheblichen Wettbewerbsvorteil haben. Er verwies auf Beispiele großer Technologieunternehmen, die aufgrund ihrer Fähigkeit, sich an Innovationen und Veränderungen anzupassen, an der Spitze des Marktes geblieben sind.

Adam: "Vielen Dank, dass Sie heute hier sind. Wie Sie wissen, leben wir in einer sich schnell verändernden Welt, und die Unternehmen, die sich an diese Veränderungen anpassen können, sind diejenigen, die nachhaltigen Erfolg erzielen. Heute wollen wir über die Bedeutung von Flexibilität am Arbeitsplatz sprechen und darüber, wie wir besser vorbereitet sein können, uns an Veränderungen im Markt oder innerhalb unseres Unternehmens anzupassen."

Leila: "Ich stimme dir vollkommen zu, Adam. Wir haben gesehen, wie viele große Unternehmen wie Amazon und Google an der Spitze bleiben konnten, weil sie sich schnell an Innovationen und Veränderungen anpassen können. Aber wie beginnen wir, dieses Konzept hier in unserem Unternehmen anzuwenden?"

Adam: "Lassen Sie uns damit beginnen, dass wir verstehen, dass wir unsere Einstellung gegenüber Veränderungen ändern müssen. Anstatt sie als Bedrohung zu sehen, sollten wir sie als Chance für Wachstum betrachten. Youssef, wie siehst du die Rolle der Technologie bei der Verbesserung unserer Flexibilität?"

Youssef: "Technologie spielt eine entscheidende Rolle. Wir müssen bereit sein, neue Systeme und Werkzeuge zu übernehmen, die uns helfen, unsere Effizienz zu verbessern. Zum Beispiel können wir KI-Technologien nutzen, um Daten schneller zu analysieren und intelligentere Entscheidungen zu treffen."

Sarah: "Für die Personalabteilung denke ich, dass wir kontinuierliche Schulungsprogramme benötigen, um die Mitarbeiter mit neuen Fähigkeiten auszustatten. Dies wird ihnen helfen, sich an technische und operative Veränderungen anzupassen."

Karim: "Aus Marketingsicht müssen wir bereit sein, unsere Strategien schnell an neue Markttrends anzupassen. Wir sollten flexibler in unseren Marketingplänen sein und schnell auf Veränderungen in den Kundenpräferenzen reagieren."

Hala: "Aus Sicht der Öffentlichkeitsarbeit ist eine ständige Kommunikation mit Kunden und Partnern entscheidend. Wir müssen transparent über die Änderungen sein, die wir vornehmen, und wie sie sich auf sie auswirken werden. Dies wird Vertrauen aufbauen und unsere Beziehung zu ihnen stärken."

Adam: "Das sind ausgezeichnete Punkte. Lassen Sie uns nun einige praktische Schritte identifizieren, die wir unternehmen können, um unsere Flexibilität zu verbessern.
Erstens müssen wir funktionsübergreifende Teams einrichten, die verschiedene Herausforderungen schnell und effektiv bewältigen können.
Zweitens sollten wir eine Kultur des kontinuierlichen Lernens entwickeln und die Mitarbeiter ermutigen, neue Fähigkeiten zu erwerben."

Fatima: "Aus finanzieller Sicht müssen wir bereit sein, Ressourcen bei Bedarf schnell umzuverteilen. Wir müssen flexibel mit unseren Budgets umgehen und die Bürokratie abbauen, die schnelle Entscheidungsfindungen behindern könnte."

Maya: "Für das Training können wir regelmäßige Workshops organisieren, die sich auf die Entwicklung von Flexibilitäts- und Anpassungsfähigkeiten konzentrieren. Wir können auch externe Experten einladen, die neue Einblicke in die Anpassung an Veränderungen geben."

Adam: "Genau. Schließlich müssen wir ein kontinuierliches Feedbacksystem aus allen Abteilungen einrichten. Dies wird uns helfen, Probleme oder Entwicklungsmöglichkeiten frühzeitig zu erkennen. Lasst uns diese Initiativen umsetzen und ein Vorbild für Unternehmen sein, die sich erfolgreich an Veränderungen anpassen."

Youssef: "Danke, Adam. Ich glaube, wir alle sind entschlossen, dieses Ziel zu erreichen. Lassen Sie uns sofort mit diesen Initiativen beginnen."

Adam: "Vielen Dank an alle. Ich bin zuversichtlich, dass unsere Zusammenarbeit zur Flexibilität führen wird, die wir für nachhaltigen Erfolg benötigen."

Analyse von Marktveränderungen
Marktanalyse-Sitzung

Das Treffen begann mit einer Sitzung zur Analyse von Marktveränderungen. Karim leitete diese Sitzung, bei der das Team aktuelle Daten und zukünftige Prognosen überprüfte, um Trends und potenzielle Veränderungen zu identifizieren.

"Wir müssen uns darüber im Klaren sein, was um uns herum passiert. Marktveränderungen können Chancen oder Bedrohungen sein, und wir müssen auf beides vorbereitet sein", sagte Karim und betonte die Bedeutung der Bereitschaft.

Entwicklung von Anpassungsstrategien
Formulierung von Anpassungsstrategien
Nach der Analyse der Marktveränderungen entwickelte das Team Strategien, um sich an diese Veränderungen anzupassen. Die Strategien umfassten Pläne zur Bewältigung neuer Konkurrenz, Änderungen der Kundenpräferenzen und technologische Fortschritte.

Beispiele für Anpassungsstrategien
- Kontinuierliche Innovation: Entwicklung neuer Produkte und Dienstleistungen, um den sich ändernden Marktbedürfnissen gerecht zu werden.
- Verbesserung der Kundenbeziehungen: Erhöhung der Kommunikation mit Kunden, um deren Bedürfnisse zu verstehen und maßgeschneiderte Lösungen anzubieten.
- Verbesserung der Effizienz: Überprüfung interner Prozesse zur Verbesserung der Effizienz und zur Senkung der Kosten.
- Diversifizierung der Märkte: Eintritt in neue Märkte, um die Abhängigkeit von einem einzelnen Markt zu verringern.

Umsetzung von Anpassungsstrategien
Strategien umsetzen
Nach der Identifizierung der Anpassungsstrategien begannen die Teams mit der Umsetzung dieser Strategien in ihren täglichen Abläufen.

Leila führte das Finanzteam bei der Entwicklung neuer Finanzmodelle zur Unterstützung der Expansion in neue Märkte an,
während Youssef das Technologieteam bei der Einführung neuer Technologien leitete, um mit den technologischen Veränderungen Schritt zu halten.

"Wir müssen flexibel sein und bereit, unsere Pläne basierend auf den Veränderungen, denen wir begegnen, anzupassen", sagte Adam und betonte die Bedeutung der Flexibilität in der Umsetzung.

Überwachung der Anpassung

Sarah organisierte regelmäßige Follow-up-Meetings, um den Fortschritt der Strategien zu überprüfen und ihre Auswirkungen zu bewerten.
Diese Meetings umfassten Diskussionen über Erfolge, Herausforderungen und Möglichkeiten zur kontinuierlichen Leistungsverbesserung.

"Die Anpassung an Veränderungen ist kein einmaliger Prozess; es ist ein kontinuierlicher Prozess, der ständige Überwachung und laufende Anpassungen erfordert", sagte Sarah.

Erfolgreiche Anpassung an Veränderungen

Während des wirtschaftlichen Abschwungs war Tech Excel wie andere Unternehmen betroffen. Dank der von Adam festgelegten Anpassungsstrategien konnte das Unternehmen jedoch seine Pläne schnell anpassen, um Kosten zu senken und die Effizienz zu steigern.
Ressourcen wurden umverteilt und einige Teams neu strukturiert, um die Produktivität zu gewährleisten. Diese schnelle Reaktion half dem Unternehmen, die Krise zu überstehen und stark im Markt zu bleiben.
Das Marketingteam konnte seine Strategien erfolgreich an die neue Konkurrenz anpassen, was zu einer 15%igen Steigerung des Marktanteils des Unternehmens führte. Gleichzeitig führte das Technologieteam erfolgreich neue Technologien ein, die die interne Betriebseffizienz um 20% erhöhten.

Strategien zur Anpassung an schnelle Veränderungen

1. **Förderung einer Kultur des Wandels und der Innovation:**
   - Adam ermutigte die Entwicklung einer Organisationskultur, die Innovation unterstützt und Wandel akzeptiert.
   - Workshops und Seminare wurden organisiert, um innovatives Denken zu fördern und Mitarbeiter dazu zu ermutigen, neue Ideen zu präsentieren.

2. **Kontinuierliches Lernen und berufliche Weiterbildung:**
   - Fortlaufende Schulungsprogramme wurden verbessert, um die Mitarbeiter mit den Fähigkeiten auszustatten, die sie benötigen, um sich an Veränderungen anzupassen.
   - Mitarbeiter wurden ermutigt, externe Schulungskurse und Workshops zu besuchen, um auf dem neuesten Stand der Trends und Technologien in ihrem Bereich zu bleiben.

3. **Kontinuierliche Markt- und Wettbewerbsanalyse:**
   - Spezialisierte Teams wurden gebildet, um Marktveränderungen zu überwachen und die Strategien der Wettbewerber zu analysieren.
   - Regelmäßige Berichte wurden der Unternehmensleitung über neue Trends, potenzielle Herausforderungen und Chancen vorgelegt.

4. **Entwicklung flexibler Strategien:**
    - Es wurden flexible strategische Pläne erstellt, die schnell an sich ändernde Bedingungen angepasst werden konnten.
    - Proaktives Denken und die Entwicklung von Notfallplänen wurden gefördert, um potenziellen Krisen zu begegnen.

5. **Entwicklung adaptiver Führungsfähigkeiten:**
    - Führungskräfte wurden darin geschult, wie man Veränderungen managt und sich an veränderte Umstände anpasst.
    - Die Führungsfähigkeiten für schnelle Entscheidungsfindung und den Umgang mit Druck wurden gestärkt.

Erfahrungen:

1. **Die Bedeutung von Flexibilität am Arbeitsplatz:**
   - Die Fähigkeit, sich schnell an Veränderungen anzupassen, verschafft Unternehmen einen erheblichen Wettbewerbsvorteil.
   - Eine Kultur des Wandels und der Innovation zu fördern, trägt zur Verbesserung der organisatorischen Flexibilität bei.
2. **Strategien zur Anpassung an schnelle Veränderungen:**
   - Die Förderung einer Kultur der Innovation und des kontinuierlichen Lernens hilft, die Anpassungsfähigkeit zu verbessern.
   - Kontinuierliche Markt- und Wettbewerbsanalysen helfen, frühzeitig Chancen und Herausforderungen zu erkennen.
   - Die Entwicklung flexibler und proaktiver Strategien verbessert die Fähigkeit, mit Krisen umzugehen.
3. **Erfolgsgeschichten im Umgang mit Veränderungen:**
   - Erfolgsgeschichten spiegeln die Bedeutung von Anpassungsfähigkeit und Flexibilität bei der Erreichung von Zielen und Projekten wider.
   - Schnelle Reaktionen auf Herausforderungen tragen dazu bei, die Geschäftskontinuität zu erhalten und Wachstum zu erzielen.

Werkzeuge und Praktische Übungen

Werkzeug: Anpassungsplan-Vorlage

1. **Veränderungen Identifizieren:** Welche Veränderungen stehen uns bevor?
2. **Auswirkungsanalyse:** Welche Auswirkungen haben diese Veränderungen auf das Unternehmen?
3. **Anpassungsstrategien Entwickeln:** Welche Strategien werden wir nutzen, um uns an diese Veränderungen anzupassen?
4. **Strategien Implementieren:** Wie werden wir diese Strategien in den täglichen Betrieb integrieren?
5. **Anpassung Überwachen:** Wie werden wir die Auswirkungen der Strategien bewerten und notwendige Anpassungen vornehmen?

Übung: Anpassungs-Workshop

Versammeln Sie Ihr Team in einem Workshop, um potenzielle Veränderungen zu identifizieren und Strategien zu deren Bewältigung zu entwickeln. Verwenden Sie Brainstorming-Sitzungen, um die Auswirkungen zu analysieren und detaillierte Pläne für jedes Team zu entwickeln.

Inspirierende Zitate

"Veränderung ist das Gesetz des Lebens. Und diejenigen, die nur in die Vergangenheit oder die

Gegenwart blicken, werden mit Sicherheit die Zukunft verpassen." - John F. Kennedy

"Es ist nicht der Stärkste oder der Intelligenteste, der überleben wird, sondern derjenige, der sich am besten an Veränderungen anpassen kann." - Charles Darwin

---

Diskussionsfragen

1. Wie kann sich Ihr Team an schnelle Marktveränderungen anpassen?
2. Welche Strategien können genutzt werden, um unerwartete Herausforderungen zu bewältigen?
3. Wie kann die Widerstandsfähigkeit des Teams angesichts von Veränderungen gestärkt werden?

Kapitel Neun: Führen durch Vorbild

Während das Unternehmen weiterhin wuchs und Erfolge erzielte, erkannte Adam, dass die wichtigste Rolle der Führung die Fähigkeit war, durch Vorbild zu führen. Als CEO beeinflussten seine Handlungen und Einstellungen das Verhalten und die Kultur des gesamten Unternehmens erheblich. Er wollte ein Vorbild sein, sein Team inspirieren und die Werte vermitteln, die er selbst vertrat.

Führen durch Vorbild
Adam begann das Treffen mit dem Führungsteam, indem er sie an die Bedeutung des Führens durch Vorbild erinnerte. An dem Treffen nahmen alle wichtigen Manager sowie einige Hauptmitarbeiter teil. "Führung bedeutet nicht nur, Befehle zu erteilen, sondern das Modell zu sein, dem alle folgen. Wir müssen die Werte widerspiegeln, die wir in unserem Unternehmen sehen möchten", sagte Adam zu Beginn des Treffens.

Werte im täglichen Arbeitsleben anwenden
Sarah sprach darüber, wie man Werte im täglichen Arbeitsleben durch ihr Verhalten und ihre Handlungen verkörpern kann. "Wir müssen die Ersten sein, die sich an die Werte halten, die wir fördern. Integrität, Transparenz und Zusammenarbeit müssen Teil unseres täglichen Arbeitslebens sein", sagte Sarah.

Ein Vorbild sein
In der Sitzung des Führungsteams ermutigte Adam die Manager, ihre persönlichen Geschichten darüber zu teilen, wie sie Herausforderungen mit Integrität

gemeistert haben. Kareem, der Marketingleiter, begann damit, eine Geschichte über eine schwierige Situation zu erzählen, die er mit seinem Team konfrontiert war und wie er sie mit Integrität bewältigte, was sich positiv auf das Team auswirkte.

Kareem: "Ich möchte eine Geschichte vom letzten Jahr teilen, als wir eine neue Marketingkampagne starteten. Der Druck war immens und die Frist rückte schnell näher. Bei der Überprüfung der endgültigen Materialien entdeckte ich einen großen Fehler in einer der Hauptanzeigen. Wir hätten den Fehler ignorieren und die Kampagne so starten können, aber ich hatte das Gefühl, dass es notwendig war, ihn zu korrigieren."

Sarah: "Was hast du damals getan?"

Kareem: "Ich habe eine schwierige Entscheidung getroffen. Ich habe mein Team versammelt und ihnen die Wahrheit gesagt. Ich sagte, dass wir einen Fehler gemacht hatten und ihn vor dem Start der Kampagne korrigieren mussten. Ich wusste, dass dies bedeutete, Überstunden zu machen und möglicherweise die Frist zu verpassen, aber ich war überzeugt, dass Integrität von größter Bedeutung war."

Leila: "Wie hat das Team reagiert?"

Kareem: "Zuerst waren sie frustriert und wütend. Es war nicht einfach für sie zu akzeptieren, dass die harte Arbeit, die sie geleistet hatten, überdacht werden musste. Aber nachdem ich ihnen die Bedeutung der Integrität erklärt hatte und wie der Start einer Kampagne mit einem Fehler unsere Reputation negativ beeinflussen könnte, begannen sie zu verstehen."

Youssef: "Und wie hat sich das letztendlich auf das Team ausgewirkt?"

Kareem: "Als das Team erkannte, dass ich bereit war, die Verantwortung zu übernehmen und die Frist für die Integrität zu opfern, änderte sich die Atmosphäre völlig. Wir arbeiteten zusammen Überstunden, stellten sicher, dass der Fehler korrigiert wurde, und starteten eine makellose Kampagne. Wichtiger war, dass das Team stolz auf das war, was wir erreicht hatten, und ihr Respekt für mich und sich selbst wuchs."

Hala: "Das ist ein großartiges Beispiel für Führung mit Integrität. Wie hat sich das auf die Leistung des Teams danach ausgewirkt?"

Kareem: "Die Ergebnisse waren erstaunlich. Wir haben nicht nur unsere Kampagnenziele erreicht, sondern übertroffen. Die Moral stieg und das Team wurde kohäsiver und selbstbewusster in ihren Fähigkeiten. Wir alle lernten, dass Integrität nicht nur ein theoretischer Wert ist, sondern die Grundlage unseres Erfolgs bei der Arbeit."

Adam: "Danke, Kareem, dass du deine Geschichte geteilt hast. Es erinnert uns alle an die Bedeutung von Integrität und Führung durch Vorbild. Wir müssen immer daran denken, dass unsere Teams auf uns schauen, um Führung zu erhalten, und wir müssen Vorbilder sein, wie wir mit Herausforderungen umgehen."

Mit dieser Geschichte lieferte Kareem ein anschauliches Beispiel dafür, wie man schwierige Situationen mit Integrität bewältigen kann und zeigte, wie solche

Handlungen das Vertrauen im Team stärken und langfristig zu besseren Ergebnissen führen können.

Vertrauen Aufbauen
Vertrauen durch Taten Erreichen
Leila betonte die Bedeutung des Vertrauensaufbaus durch Taten und nicht nur durch Worte.
"Vertrauen wird durch konsequente und zuverlässige Handlungen aufgebaut. Wir müssen immer ehrlich und vertrauenswürdig in unserem Umgang sein," sagte Leila.

Einfluss auf die Kultur
Positiver Einfluss auf die Unternehmenskultur
Youssef sprach über den Einfluss des Vorbildführens auf die Unternehmenskultur.
"Wenn die Mitarbeiter sehen, dass ihre Führungskräfte mit Integrität und Transparenz handeln, übernehmen sie dasselbe Verhalten. Dies schafft eine positive und zusammenhängende Kultur im Unternehmen," sagte Youssef.

Ein bemerkenswertes Beispiel war, als Adam beschloss, sein Gehalt in einer schwierigen Zeit für das Unternehmen zu senken, um das Budget zu unterstützen und Entlassungen zu vermeiden. Diese Entscheidung stärkte das Vertrauen und die Loyalität der Mitarbeiter gegenüber dem Unternehmen erheblich.

Werkzeuge und Praktische Übungen

Werkzeug: Modell des Führens durch Vorbild

1. **Werte Identifizieren:** Welche Kernwerte möchten Sie in Ihrer Führung widerspiegeln?
2. **Werte Verkörpern:** Wie können Sie diese Werte in Ihren täglichen Handlungen verkörpern?
3. **Positive Verhaltensweisen Fördern:** Wie können Sie positive Verhaltensweisen in Ihrem Team fördern?
4. **Vertrauen Aufbauen:** Welche Schritte können unternommen werden, um Vertrauen im Team aufzubauen?
5. **Auswirkungen Überwachen:** Wie können Sie die Auswirkungen Ihrer Führung auf die Unternehmenskultur messen?

Übung: Workshop zum Führen durch Vorbild

Versammeln Sie Ihr Team in einem Workshop, um die Kernwerte zu diskutieren und zu identifizieren, die die Führung widerspiegeln sollte. Verwenden Sie reale Geschichten und Erfahrungen, um zu veranschaulichen, wie diese Werte im täglichen Arbeitsleben verkörpert werden können.

Inspirierende Zitate

"Führung ist nicht nur ein Titel, sondern eine Verantwortung, ein Vorbild für andere zu sein." - James M. Barrie

"Vertrauen ist die Blume, Führung ist das Wasser, beide brauchen einander, um zu gedeihen." - John C. Maxwell

---

Diskussionsfragen

1. Wie können Führungskräfte gute Vorbilder für ihr Team sein?
2. Welche Kernwerte sollte die Führung in unserem Unternehmen widerspiegeln?
3. Wie kann das Führen durch Vorbild die Unternehmenskultur und die Teamleistung beeinflussen?

Kapitel Zehn: Teilnahme und Kollektive Entscheidungsfindung

Förderung der Teilnahme bei Tech Excel

Nachdem sich Tech Excel erfolgreich an schnelle Veränderungen angepasst hatte, erkannte Adam, dass die Förderung der Mitarbeiterbeteiligung an kollektiven Entscheidungsprozessen der nächste Schritt zum Erreichen eines nachhaltigen Erfolgs war. Er wusste, dass die Einbeziehung der Mitarbeiter in die Entscheidungsfindung nicht nur ihre Zufriedenheit steigert, sondern auch die Qualität der getroffenen Entscheidungen verbessert.

Die Herausforderung: Alle in den Entscheidungsprozess Einbeziehen

In einem Führungsteam-Meeting stellte Adam fest, dass einige Manager Entscheidungen individuell ohne Rücksprache mit ihren Teams trafen. Dieser Ansatz führte zu einigen unangemessenen Entscheidungen und wirkte sich negativ auf die Mitarbeitermoral aus. Es war klar, dass der kollektive Entscheidungsprozess verbessert werden musste.

Die Bedeutung der Teilnahme an der Entscheidungsfindung

Adam begann damit, die Bedeutung der Teilnahme an der Entscheidungsfindung zu erklären. Er wies darauf hin, dass kollektive Entscheidungen oft umfassender und weiser sind, da die Vielfalt der Ideen und Erfahrungen der Teammitglieder einbezogen wird. Außerdem stärkt die Teilnahme das Engagement der Mitarbeiter bei der Umsetzung von Entscheidungen, da sie sich als Teil des Prozesses fühlen.

Adam: "Vielen Dank, dass Sie alle hier sind. In letzter Zeit habe ich festgestellt, dass einige Entscheidungen individuell getroffen werden, ohne das Team zu konsultieren. Dieser Ansatz hat sich negativ auf die Mitarbeitermoral ausgewirkt und zu einigen unangemessenen Entscheidungen geführt. Wir müssen den kollektiven Entscheidungsprozess verbessern."

Sarah: "Ich stimme dir zu, Adam. Ich glaube, dass die Beteiligung des Teams an der Entscheidungsfindung die Qualität der Entscheidungen verbessern kann."

Karim: "Aber manchmal gibt es keine Zeit, um alle zu konsultieren. Wie können wir das Bedürfnis nach schnellen Entscheidungen mit der Teilnahme des Teams in Einklang bringen?"

Adam: "Das ist ein guter Punkt, Karim. Wir können ein Gleichgewicht finden, indem wir die Arten von Entscheidungen identifizieren, die eine kollektive Beteiligung erfordern, und solche, die schnell getroffen werden können. Strategische Entscheidungen sollten zum Beispiel das gesamte Team einbeziehen, während einfache tägliche Entscheidungen individuell getroffen werden können."

Leila: "Ich stimme zu. Die Beteiligung des Teams kann unterschiedliche Perspektiven einbringen, die einem Einzelnen möglicherweise nicht klar sind. Können wir einen klaren Prozess für die kollektive Entscheidungsfindung festlegen?"

Youssef: "Ja, wir können eine Struktur entwickeln, die regelmäßige Brainstorming-Sitzungen und kurze Meetings zur Bewertung verschiedener Optionen umfasst."

Hala: "Ich denke, der Einsatz technologischer Tools kann diesen Prozess erleichtern. Wir können Online-Plattformen für Abstimmungen und den Ideenaustausch nutzen."

Adam: "Gute Idee, Hala. Dies wird es allen ermöglichen, teilzunehmen, auch wenn sie nicht am selben Ort sind. Außerdem müssen wir eine Kultur der Transparenz fördern, damit wir alle die Gründe hinter den getroffenen Entscheidungen verstehen."

Fatima: "Ja, Transparenz ist wichtig. Wir können regelmäßige Berichte bereitstellen, die erklären, wie Entscheidungen getroffen werden und die Gründe dahinter."

Nada: "Und ich denke, die Ermutigung der Mitarbeiter, ihre Meinungen und Ideen ohne Angst vor Kritik zu äußern, wird ein großer Schritt zur Förderung der Teilnahme sein."

Omar: "Wir müssen auch Schulungen organisieren, um die Fähigkeiten der kollektiven Entscheidungsfindung im Team zu verbessern."

Maya: "Ich stimme zu. Wir können Workshops organisieren, um alle in diesen Fähigkeiten zu schulen und eine effektive Kommunikation zu fördern."

Adam: "Gut. Wir werden damit beginnen, die Arten von Entscheidungen zu identifizieren, die eine kollektive Beteiligung erfordern, eine klare Entscheidungsstruktur zu entwickeln und geeignete technologische Tools zu verwenden. Lassen Sie uns gemeinsam daran arbeiten, diese Kultur zu fördern. Vielen Dank an alle."

Workshop: Förderung der kollektiven Entscheidungsfindung

Adam hielt einen interaktiven Workshop ab, um die Praktiken der kollektiven Entscheidungsfindung zu fördern. Der Workshop wurde in mehrere Sitzungen unterteilt, die sich auf praktische Konzepte und Werkzeuge zur Förderung der Beteiligung konzentrierten.

Adam: "Willkommen, alle zusammen. Heute werden wir einen Workshop zur Förderung der kollektiven Entscheidungsfindung abhalten. Wir beginnen, indem wir den Workshop in mehrere Sitzungen unterteilen, die sich auf praktische Konzepte und Werkzeuge zur Förderung der Beteiligung konzentrieren. Lassen Sie uns mit der ersten Runde beginnen."

Sarah: "Was ist das Hauptziel dieser ersten Sitzung, Adam?"

Adam: "Die erste Sitzung behandelt das Konzept der kollektiven Entscheidungsfindung und die Bedeutung der Beteiligung aller Teammitglieder. Ich werde damit beginnen, zu erklären, wie kollektive Entscheidungen oft umfassender und weiser sind, da sie eine Vielfalt von Ideen und Erfahrungen beinhalten."

Karim: "Kannst du uns ein Beispiel dafür geben, Adam?"

Adam: "Natürlich, Karim. Zum Beispiel, als wir die Einführung eines neuen Produkts planten, umfasste der Entscheidungsprozess alle Abteilungen. Dies führte zu einer Verbesserung des Produkts dank der vielfältigen Ideen, die das gesamte Team eingebracht hat. Nun lasst uns über die Werkzeuge sprechen, die wir nutzen können, um diese Beteiligung zu fördern."

Leila: "Können wir über Brainstorming-Sitzungen sprechen? Wie können wir sie effektiv organisieren?"

Adam: "Sicher, Leila. Brainstorming-Sitzungen sind ein großartiges Werkzeug. Es ist wichtig, ein klares Ziel für die Sitzung festzulegen und alle Mitglieder zu ermutigen, ihre Ideen frei zu äußern, ohne Angst vor Kritik. Wir können auch die Technik der 'Ideenrunde' verwenden, bei der jedes Mitglied in jeder Runde eine Idee vorstellt."

Youssef: "Was ist mit der Nutzung von Technologie? Gibt es Werkzeuge, die uns helfen können, die Beteiligung zu fördern, auch wenn wir an verschiedenen geografischen Standorten sind?"

Adam: "Ja, Youssef. Es gibt viele technologische Werkzeuge wie Online-Vorschlagsplattformen und Online-Abstimmungswerkzeuge. Diese Werkzeuge erleichtern es, Ideen schnell und effizient zu teilen und darüber abzustimmen."

Hala: "Ich frage mich, wie wir Transparenz im Entscheidungsprozess sicherstellen können."
Adam: "Transparenz ist der Schlüssel, Hala. Wir müssen Informationen und Daten im Zusammenhang mit Entscheidungen mit allen Teammitgliedern teilen. Wir können auch die Gründe hinter jeder Entscheidung und die möglichen Ergebnisse erklären."

Fatima: "Können wir einen klaren Entscheidungsmechanismus entwickeln, der alle Teammitglieder einbezieht?"

Adam: "Absolut, Fatima. Wir können die Rollen und Verantwortlichkeiten jedes Mitglieds im Entscheidungsprozess definieren und die Schritte klarstellen, die wir folgen werden. Dies wird dazu beitragen, den Prozess organisierter und effizienter zu gestalten."

Nada: "Was ist mit regelmäßigen Meetings? Sollten wir sie regelmäßig abhalten, um den Fortschritt zu verfolgen?"

Adam: "Ja, Nada. Regelmäßige Meetings sind sehr wichtig, um den Fortschritt zu überprüfen und die Auswirkungen zu bewerten. Wir können monatliche Meetings abhalten, um die Pläne zu verfolgen und sie nach Bedarf anzupassen."

Omar: "Wie können wir sicherstellen, dass alle Ideen gehört und berücksichtigt werden?"

Adam: "Wir müssen alle ermutigen, ihre Meinungen und Ideen frei zu äußern. Wir können Techniken wie die 'Rundtisch-Runde' verwenden, bei der jedes Mitglied die Gelegenheit hat, ohne Unterbrechung zu sprechen."

Maya: "Können wir Schulungssitzungen anbieten, um die Fähigkeiten der kollektiven Entscheidungsfindung im Team zu verbessern?"

Adam: "Ja, Maya. Wir werden Workshops und Schulungssitzungen organisieren, um diese Fähigkeiten zu verbessern und die effektive Kommunikation im Team zu fördern."

Adam: "Gut, lasst uns nun zur praktischen Sitzung übergehen, in der wir einige dieser Werkzeuge in realen Szenarien anwenden werden. Lasst uns beginnen."

Strategien zur Förderung der Teilnahme und kollektiven Entscheidungsfindung

1. **Schaffung eines Ermutigenden Umfelds für die Teilnahme:**
    - Ermutigen Sie die Mitarbeiter, ihre Meinungen und Ideen ohne Angst vor Kritik zu äußern.
    - Organisieren Sie regelmäßige Brainstorming-Sitzungen, um Ideen und Lösungen zu generieren.
2. **Definieren Sie eine Klare Entscheidungsstruktur:**
    - Etablieren Sie einen klaren Entscheidungsmechanismus, der alle Teammitglieder einbezieht.
    - Definieren Sie die Rollen und Verantwortlichkeiten jedes Mitglieds im Entscheidungsprozess.
3. **Verwenden Sie Technologische Werkzeuge zur Förderung der Teilnahme:**
    - Nutzen Sie technologische Werkzeuge wie Online-Vorschlags- und Abstimmungsplattformen.
    - Organisieren Sie virtuelle Meetings, um allen die Teilnahme unabhängig vom geografischen Standort zu ermöglichen.
4. **Fördern Sie eine Kultur der Transparenz:**
    - Teilen Sie Informationen und Daten zu Entscheidungen mit allen Mitarbeitern.
    - Erklären Sie die Gründe für Entscheidungen und ihre möglichen Auswirkungen.

Adam: "Okay, lassen Sie uns damit beginnen, ein spezifisches Szenario zu definieren, an dem wir arbeiten können. Welches ist das erste Szenario, das wir besprechen möchten?"

Sarah: "Ich denke, die Verbesserung des Kundenservice ist ein wichtiger Bereich. Wir könnten an einem Szenario arbeiten, wie man einen plötzlichen Anstieg der Kundenanfragen bewältigt."

Adam: "Ausgezeichnet. Lassen Sie uns mit diesem Szenario beginnen. Zuerst werden wir eine Brainstorming-Sitzung nutzen, um Ideen zu generieren. Denken Sie daran, dass das Ziel darin besteht, so viele Ideen wie möglich zu entwickeln. Lassen Sie uns damit beginnen, dass jeder von uns eine Idee vorschlägt."

Karim: "Wir könnten ein spezielles Team erstellen, das während der Stoßzeiten mit überschüssigen Anfragen umgeht."

Leila: "Wie wäre es, das automatisierte Antwortsystem zu verbessern, um Anfragen nach Priorität und Wichtigkeit zu sortieren?"

Youssef: "Wir könnten KI-Technologie anwenden, um Anfragen zu analysieren und die effektivsten Lösungen vorzuschlagen."

Hala: "Erhöhen Sie die Schulung der Mitarbeiter im Krisenmanagement und im Umgang mit hohem Druck."

Fatima: "Verwenden Sie Projektmanagement-Tools, um den Fortschritt jeder Anfrage zu verfolgen und sicherzustellen, dass keine verloren geht."

Nada: "Starten Sie eine spezielle App, über die Kunden ihre Anfragen verfolgen und Beschwerden oder Vorschläge leicht einreichen können."

Omar: "Analysieren Sie frühere Daten, um die geschäftigsten Zeiten zu identifizieren und sich mit zusätzlichen Ressourcen darauf vorzubereiten."

Maya: "Bieten Sie Anreize für Mitarbeiter, die es schaffen, die meisten Anfragen effizient zu bearbeiten."

Adam: "Großartig! Wir haben jetzt eine Vielzahl von Ideen. Lassen Sie uns zum nächsten Schritt übergehen, nämlich die Durchführbarkeit der Ideen zu bewerten und sie zu priorisieren.
Ich werde das Online-Abstimmungstool verwenden, über das wir gesprochen haben.
Jeder von Ihnen kann für die Ideen stimmen, die er für am effektivsten hält."

(Nach der Abstimmung)

Adam: "Okay, die Ideen, die die meisten Stimmen erhalten haben, sind:

- Ein spezialisiertes Team zu bilden, um überschüssige Anfragen zu bearbeiten,
- Implementierung von KI-Technologie zur Analyse der Anfragen,
- Start einer speziellen App für Kunden. Nun, lassen Sie uns die Schritte zur Umsetzung dieser Ideen definieren."

Karim: "Ich kann die Verantwortung für die Bildung des spezialisierten Teams, die Festlegung der Arbeitszeiten und der Kontaktstellen übernehmen."

Youssef: "Ich werde die Aufgabe übernehmen, die KI-Technologie zu recherchieren und zu implementieren. Ich brauche etwas Zeit, um das geeignetste System zu identifizieren und das Team in der Nutzung zu schulen."

Nada: "Ich werde in Zusammenarbeit mit den Technologie- und Marketingteams an der Entwicklung der speziellen App arbeiten, um sicherzustellen, dass sie den Kundenbedürfnissen entspricht."

Adam: "Ausgezeichnet. Nun haben wir einen klaren Plan. Lassen Sie uns sicherstellen, dass wir den Fortschritt jeder Idee regelmäßig nachverfolgen. Sarah, kannst du regelmäßige Treffen zur Überprüfung des Fortschritts organisieren?"

Sarah: "Natürlich, ich werde monatliche Treffen einplanen, um den Fortschritt zu bewerten und die erforderlichen Berichte bereitzustellen."

Adam: "Großartig. Also haben wir einen Arbeitsplan und ein Nachverfolgungssystem. Vielen Dank an alle für eure aktiven Beiträge. Dies ist ein großartiges Beispiel dafür, wie kollektive Entscheidungsfindung greifbare Ergebnisse erzielen kann. Lassen Sie uns weiterhin in diesem Geist arbeiten und diese Strategien in anderen Bereichen anwenden."

Verbesserung der Internen Abläufe

In dem Versuch, die internen Abläufe zu verbessern, beschloss das Management von "Tech Excel", alle Mitarbeiter in den Verbesserungsprozess einzubeziehen. Es wurde eine Online-Plattform eingerichtet, um Vorschläge und Ideen von Mitarbeitern aus allen Abteilungen zu sammeln. Dank dieser Initiative wurden mehrere Verbesserungen umgesetzt, die zu einer höheren Effizienz und reduzierten Kosten führten.

Erkenntnisse
1. **Die Bedeutung der Teilnahme an der Entscheidungsfindung:**
    - Teilnahme verbessert die Qualität der Entscheidungen und erhöht das Engagement der Mitarbeiter bei der Umsetzung.
    - Kollektive Entscheidungen profitieren von der Vielfalt der Ideen und Erfahrungen.
2. **Strategien zur Verbesserung der Teilnahme:**
    - Schaffung eines ermutigenden Umfelds für die Teilnahme hilft, vielfältige Ideen und innovative Lösungen zu sammeln.
    - Der Einsatz technologischer Werkzeuge kann die Effektivität und Einfachheit der Teilnahme erhöhen.
    - Transparenz im Entscheidungsprozess baut Vertrauen auf und erhöht das Engagement.
3. **Erfolgsgeschichten, die die Wirksamkeit der Teilnahme bestätigen:**
    - Die Einbeziehung der Mitarbeiter in die Entscheidungsfindung führt zu greifbaren

Verbesserungen bei Produkten und Prozessen.
- Erfolgreiche Erfahrungen unterstreichen die Bedeutung der nachhaltigen Umsetzung dieser Praktiken.

Durch die Förderung der Teilnahme der Mitarbeiter am kollektiven Entscheidungsprozess konnten Adam und sein Team bei "Tech Excel" die Qualität der Entscheidungen verbessern und das Engagement der Mitarbeiter bei deren Umsetzung erhöhen. Dieser Schritt war entscheidend für die Verbesserung der Unternehmenskultur und den nachhaltigen Erfolg und bestätigte, dass effektive Teilnahme der Schlüssel zum Erfolg in der modernen Arbeitswelt ist.

Werkzeuge und Praktische Übungen

Werkzeug: Vorlage für einen Plan zur Förderung der Beteiligung an der Entscheidungsfindung

1. **Herausforderungen Identifizieren:** Was sind die Herausforderungen, denen das Team im Entscheidungsprozess gegenübersteht?
2. **Wirkungsanalyse:** Was ist die Auswirkung dieser Herausforderungen auf die Qualität der Entscheidungen und die Zufriedenheit der Mitarbeiter?
3. **Strategien zur Förderung der Teilnahme Entwickeln:** Welche Strategien werden wir verwenden, um die Beteiligung der Mitarbeiter an der Entscheidungsfindung zu fördern?
4. **Strategien Umsetzen:** Wie werden wir diese Strategien in die tägliche Arbeit integrieren?
5. **Fortschritt Überwachen:** Wie werden wir die Auswirkungen der Strategien bewerten und notwendige Anpassungen vornehmen?

Übung: Workshop zur Förderung der Gruppenentscheidungsfindung

Versammeln Sie Ihr Team zu einem Workshop, um potenzielle Herausforderungen zu identifizieren und Strategien zur Förderung der Beteiligung an der Entscheidungsfindung zu entwickeln. Verwenden Sie Brainstorming-Sitzungen, um die Auswirkungen zu analysieren und detaillierte Pläne für jedes Team zu entwickeln.

Inspirierende Zitate

"Beteiligung ist das Geheimnis des Erfolgs in der modernen Arbeitswelt." - Anonym

"Die kollektive Entscheidungsfindung ist das Ergebnis mehrerer Köpfe und vielfältiger Erfahrungen." - Anonym

---

Diskussionsfragen

1. Wie kann Ihr Team die Teilnahme am Entscheidungsprozess verbessern?
2. Welche Strategien können verwendet werden, um eine effektive Teilnahme zu fördern?
3. Wie kann die Geschwindigkeit der Entscheidungsfindung mit der Qualität, die sich aus der Teilnahme ergibt, in Einklang gebracht werden?

Kapitel Elf: Entwicklung einer Kollaborativen Arbeitsumgebung

Geschichte: Förderung der Zusammenarbeit bei Tech Excel

Nachdem er durch die Verbesserung verschiedener Abläufe bemerkenswerte Erfolge erzielt hatte, erkannte Adam, dass der nächste Schritt zur Sicherung eines nachhaltigen Erfolgs darin bestand, eine kollaborative Arbeitsumgebung zu entwickeln. Er wusste, dass eine effektive Zusammenarbeit zwischen Teams und Einzelpersonen zu höheren Kreativitäts- und Effizienzniveaus führen könnte.

Die Herausforderung: Förderung der Zusammenarbeit zwischen den Teams

In einem der monatlichen Meetings bemerkte Adam, dass einige Teams isoliert arbeiteten, was zu einem Mangel an Kommunikation und Zusammenarbeit zwischen den verschiedenen Abteilungen führte. Das Ziel war es, diese Barrieren abzubauen und eine kollaborative Arbeitsumgebung zu fördern, die zur Erreichung gemeinsamer Ziele beiträgt.

Die Bedeutung der Zusammenarbeit am Arbeitsplatz

Adam begann damit, die Bedeutung der Zusammenarbeit am Arbeitsplatz zu erläutern. Er wies darauf hin, dass die kollaborative Arbeit den Austausch von Ideen und Erfahrungen fördert und zu einer schnelleren und effektiveren Problemlösung beiträgt. Darüber hinaus stärkt die Zusammenarbeit den Teamgeist und erhöht die Arbeitszufriedenheit.

Adam: "Willkommen zu unserem monatlichen Meeting. Heute möchte ich ein wichtiges Thema ansprechen. Ich habe bemerkt, dass einige Teams isoliert arbeiten, was zu einem Mangel an Kommunikation und Zusammenarbeit zwischen den verschiedenen Abteilungen geführt hat. Unser Ziel ist es, diese Barrieren abzubauen und eine kollaborative Arbeitsumgebung zu fördern, die zur Erreichung gemeinsamer Ziele beiträgt."

Sarah: "Ja, das habe ich auch in der Kundenservice-Abteilung bemerkt. Einige der Herausforderungen, denen wir begegnen, könnten besser gelöst werden, wenn wir mit anderen Teams, insbesondere der Technik-Abteilung, kommunizieren würden."

Karim: "Ich glaube, dass die Zusammenarbeit zwischen den Abteilungen unsere Marketingstrategien verbessern wird. Wenn wir ein besseres Verständnis für die Herausforderungen haben, denen die Technik- oder Kundenservice-Abteilung gegenübersteht, können wir unsere Bemühungen effektiver lenken."

Adam: "Genau. Die kollaborative Arbeit fördert den Austausch von Ideen und Erfahrungen und trägt zu einer schnelleren und effektiveren Problemlösung bei. Darüber hinaus stärkt die Zusammenarbeit den Teamgeist und erhöht die Arbeitszufriedenheit. Lassen Sie uns darüber sprechen, wie wir diese Zusammenarbeit verbessern können."

Youssef: "Was, wenn wir regelmäßige Meetings zwischen den verschiedenen Abteilungen organisieren, um gemeinsame Projekte und die Herausforderungen, denen wir gegenüberstehen, zu besprechen? Diese Meetings könnten eine Gelegenheit sein, Ideen auszutauschen und an gemeinsamen Lösungen zu arbeiten."

Laila: "Gute Idee. Ich denke auch, dass wir Projektmanagement-Tools verwenden können, die es allen Teams ermöglichen, den Fortschritt und die Herausforderungen der anderen Abteilungen zu sehen."

Hala: "Ja, und wir könnten auch interaktive Trainingsworkshops organisieren, die Mitarbeiter aus verschiedenen Abteilungen zusammenbringen, um gemeinsam spezifische Probleme zu lösen. Dies würde helfen, stärkere Beziehungen zwischen den Teams aufzubauen und die Zusammenarbeit zu fördern."

Adam: "Großartig, lassen Sie uns einige praktische Schritte skizzieren, um diese Ideen umzusetzen. Youssef, kannst du die regelmäßigen abteilungsübergreifenden Meetings organisieren?"

Youssef: "Sicher, ich werde nächste Woche ein erstes Meeting organisieren, und wir werden sehen, wie wir dieses System regelmäßig etablieren können."

Laila: "Ich werde die verfügbaren Projektmanagement-Tools überprüfen und feststellen, welche für unser Unternehmen am besten geeignet sind."

Hala: "Und ich werde daran arbeiten, den ersten interaktiven Trainingsworkshop zu organisieren, der Mitarbeiter aus verschiedenen Abteilungen zusammenbringt. Wir können mit einem kleinen Workshop beginnen und ihn dann schrittweise erweitern."

Adam: "Ausgezeichnet. Lassen Sie uns mit der Umsetzung dieser Ideen beginnen und den Fortschritt in unserem nächsten Meeting verfolgen. Vielen Dank an alle für euren Enthusiasmus und eure Zusammenarbeit. Gemeinsam können wir eine kollaborativere und effektivere Arbeitsumgebung schaffen."

Erstes Interdepartementales Treffen:

Youssef: "Hallo zusammen, danke, dass ihr heute gekommen seid. Wie ihr wisst, sind wir hier, um ein System regelmäßiger interdepartementaler Meetings zu starten, um Zusammenarbeit und Kommunikation zu verbessern. Dies ist unsere erste Sitzung, und ich möchte einige wesentliche Punkte besprechen und festlegen, wie wir effektiver zusammenarbeiten können."

Sarah: "Ich finde die Idee großartig, Youssef. In der Kundenservice-Abteilung stehen wir vor einigen Herausforderungen, die wir meiner Meinung nach besser lösen könnten, wenn wir mit anderen Abteilungen zusammenarbeiten."

Karim: "Ja, und von unserer Seite im Marketing benötigen wir ein besseres Verständnis für die Herausforderungen, mit denen die Abteilungen Technologie und Kundenservice konfrontiert sind, damit wir unsere Bemühungen gezielter lenken können."

Laila: "Ich stimme dem zu. In der Finanzabteilung ist es wichtig für uns zu verstehen, wie die Entscheidungen anderer Abteilungen unsere Budgets und Ressourcenallokation beeinflussen."

Youssef: "Ausgezeichnet. Lassen Sie uns damit beginnen, einige zentrale Ziele für diese Meetings festzulegen. Ich denke, das erste Ziel sollte sein, die gemeinsamen Herausforderungen zu identifizieren, denen wir gegenüberstehen, und an gemeinsamen Lösungen zu arbeiten."

Hala: "Gute Idee. Wir könnten auch einen Teil des Meetings dafür nutzen, um Updates zu aktuellen Projekten in jedem Departement auszutauschen, was uns helfen wird, informiert zu bleiben und zu sehen, wie wir uns gegenseitig unterstützen können."

Nadia: "Ich denke, dass der Einsatz von Projektmanagement-Tools uns dabei helfen könnte. Wir könnten eine Plattform nutzen, die es uns ermöglicht, Updates zu teilen, den Fortschritt zu verfolgen und Herausforderungen zu überwachen."

Youssef: "Definitiv, wir müssen die Werkzeuge festlegen, die wir verwenden werden. Ich glaube, Laila überprüft bereits die verfügbaren Werkzeuge und wird uns bei unserem nächsten Meeting Empfehlungen geben."

Laila: "Natürlich."

Youssef: "Prima. Lassen Sie uns nun besprechen, wie wir diese Meetings organisieren. Was wäre eine geeignete Frequenz? Bevorzugen Sie wöchentliche oder zweiwöchentliche Meetings?"

Sarah: "Ich denke, zweiwöchentliche Meetings wären passend. Das gibt uns genug Zeit, um an den Aufgaben und Herausforderungen zu arbeiten, die wir in den Meetings besprechen."

Karim: "Einverstanden. Alle zwei Wochen scheint angemessen, und wir können den Zeitplan bei Bedarf immer anpassen."

Youssef: "Gut, dann beginnen wir mit Meetings alle zwei Wochen. Wir werden diese Meetings nutzen, um Herausforderungen zu besprechen, Updates auszutauschen und gemeinsam an Lösungen zu arbeiten. Gibt es noch weitere Vorschläge, bevor wir abschließen?"

Hala: "Ich glaube nicht. Ich denke, wir sind auf dem richtigen Weg. Danke für die Organisation, Youssef."

Youssef: "Vielen Dank an alle für eure Teilnahme und Mitarbeit. Lasst uns diese Meetings effektiv gestalten und eine bessere Zusammenarbeit erreichen. Wir sehen uns in zwei Wochen wieder. Danke!"

Workshop: Förderung der Zusammenarbeit zwischen Abteilungen
Vorbereitung und Organisation:

- **Teilnehmerauswahl:** Eine kleine Anzahl von Mitarbeitern aus jeder Abteilung (Marketing, Kundenservice, Finanzen, Technologie, Personalwesen) wird für den ersten Workshop ausgewählt.
- **Zielsetzung:** Das Hauptziel ist es, die Zusammenarbeit zu stärken und Ideen und Erfahrungen auszutauschen, um gemeinsame Probleme zu lösen.
- **Werkzeuge und Materialien:** Vorbereitung der Schulungsmaterialien und notwendigen Werkzeuge (z. B. Arbeitsblätter, Brainstorming-Tools, interaktive Techniken).

Beginn des Workshops:

Hala: "Willkommen zu unserem ersten Training-Workshop zur Förderung der Zusammenarbeit zwischen Abteilungen. Ich freue mich, euch heute hier zu sehen. Unser Ziel ist es, gemeinsam an der Verbesserung der Zusammenarbeit und dem Austausch von Ideen und Erfahrungen zwischen den verschiedenen Abteilungen zu arbeiten."

Eröffnungssitzung:

Adam: "Danke, Hala. Ich möchte damit beginnen, zu erläutern, warum wir diesen Workshop für wichtig halten. Zusammenarbeit zwischen Abteilungen ist nicht nur eine gute Idee, sondern eine Notwendigkeit, um unsere gemeinsamen Ziele effektiver zu erreichen. Lassen Sie uns nun mit einer kurzen Einführung beginnen."

Sitzung 1: Teambildung und Einführung

- **Vorstellungsaktivität:** Die Teilnehmer werden in kleine Teams aufgeteilt, in denen sich jedes Mitglied gegenseitig kennenlernt und Informationen über seine Rolle und täglichen Herausforderungen teilt.
- **Rollentausch:** Jeder Teilnehmer erklärt den anderen Teammitgliedern seine Aufgaben und Verantwortlichkeiten.

Youssef: "Es ist hilfreich, die Rollen und Verantwortlichkeiten unserer Kollegen zu verstehen. Dies hilft uns, die Herausforderungen zu erkennen, denen jede Abteilung gegenübersteht, und wie wir uns gegenseitig unterstützen können."

Sitzung 2: Brainstorming zur Problemlösung

- **Identifizierung gemeinsamer Probleme:** Eine Reihe von Herausforderungen, mit denen das Unternehmen konfrontiert ist und die gemeinsame Lösungen erfordern, wird identifiziert.
- **Brainstorming-Sitzungen:** Die Teams brainstormen, um kreative Lösungen für diese Herausforderungen zu entwickeln.
- **Präsentation der Ergebnisse:** Jedes Team präsentiert seine Ergebnisse und Vorschläge den anderen Teams.

Sarah: "Wir haben festgestellt, dass einige Herausforderungen, mit denen wir im Kundenservice konfrontiert sind, besser gelöst werden können, wenn wir mit der Abteilung Technologie zusammenarbeiten, um unsere Werkzeuge zu verbessern."

Sitzung 3: Entwicklung von Kollaborationsstrategien

- **Erstellung von Kooperationsplänen:** Praktische Pläne zur Verbesserung der Zusammenarbeit zwischen den Abteilungen werden erstellt, einschließlich der Festlegung regelmäßiger Kommunikationsmethoden und des Austauschs von Informationen.
- **Festlegung von Verantwortlichkeiten:** Rollen und Verantwortlichkeiten für jede Abteilung bei der Umsetzung der Kooperationspläne werden festgelegt.

Karim: "Es ist gut, klare Kontaktpunkte zwischen den verschiedenen Abteilungen zu etablieren, um einen reibungslosen Informationsfluss zu gewährleisten."

Abschlusssitzung: Bewertung und Nachverfolgung

- **Bewertung:** Der Workshop wird von den Teilnehmern bewertet, um zu überprüfen, was gelernt wurde und wie zukünftige Workshops verbessert werden können.
- **Nachverfolgung:** Festlegung der nächsten Schritte, um die effektive Umsetzung der Kooperationspläne sicherzustellen.

Hala: "Danke an alle für eure aktive Teilnahme. Wir werden euer Feedback sammeln, um zukünftige Workshops zu verbessern und sie auf mehr Mitarbeiter auszuweiten."

Adam: "Dieser Workshop war ein wichtiger erster Schritt zur Förderung der Zusammenarbeit zwischen unseren Abteilungen. Lassen Sie uns weiterhin gemeinsam arbeiten, um unsere gemeinsamen Ziele zu erreichen."

Strategien zur Entwicklung einer Kooperativen Arbeitsumgebung

1. **Offene und Ehrliche Kommunikation Fördern:**
    - Regelmäßige Meetings zwischen Teams organisieren, um gemeinsame Projekte und Herausforderungen zu besprechen.
    - Technologische Werkzeuge nutzen, die sofortige und direkte Kommunikation zwischen Mitarbeitern erleichtern.
2. **Teamgeist Stärken:**

- Teambuilding-Aktivitäten organisieren, die die Bindungen zwischen den Mitarbeitern stärken.
- Mitarbeiter ermutigen, an sozialen Veranstaltungen und externen Aktivitäten teilzunehmen.

3. **Kollaborative Arbeitsräume Entwickeln:**
   - Offene Arbeitsräume gestalten, die den Mitarbeitern eine einfache Interaktion ermöglichen.
   - Gemeinsame Bereiche für informelle Meetings und den Austausch von Ideen bereitstellen.

4. **Schulung in Kollaborationsfähigkeiten Anbieten:**
   - Schulungsprogramme anbieten, die sich auf effektive Kommunikation und Teamarbeit konzentrieren.
   - Kollaborative Führungsfähigkeiten fördern, die den Austausch von Ideen und den Respekt vor unterschiedlichen Perspektiven unterstützen.

5. **Gemeinsame Projekte Fördern:**
   - Teams zur Zusammenarbeit an gemeinsamen Projekten ermutigen, die unterschiedliche Fachkenntnisse kombinieren.
   - Belohnungen und Anreize für Teams bieten, die in gemeinsamen Projekten erfolgreich sind.

Erfolgsgeschichten aus der Verbesserung der Zusammenarbeit im Unternehmen
Erfolgsgeschichte des Marketing- und Vertriebsteams:

Bei einem Projekt zur Einführung eines neuen Produkts arbeitete das Marketing-Team eng mit dem Vertriebsteam zusammen. Es wurden gemeinsame Brainstorming-Sitzungen organisiert und Ideen kontinuierlich ausgetauscht. Dank dieser Zusammenarbeit wurde eine erfolgreiche Marketingkampagne entwickelt, die zu einem signifikanten Anstieg der Verkaufszahlen in kurzer Zeit führte.

Verbesserung der Internen Prozesse:

Das HR-Team arbeitete mit dem IT-Team zusammen, um ein neues Leistungsmanagement-System zu entwickeln. Dank der kontinuierlichen Zusammenarbeit und Koordination zwischen den beiden Teams wurde das System erfolgreich implementiert, was zu verbesserten Leistungsbewertungsprozessen und erhöhter Transparenz bei den Bewertungen führte.

Erfahrungen und Erkenntnisse:
1. **Die Bedeutung der Zusammenarbeit am Arbeitsplatz:**
    - Zusammenarbeit fördert den Austausch von Ideen und Kreativität und erhöht die Effizienz bei der Problemlösung.
    - Eine kooperative Arbeitsumgebung trägt zu höherer Mitarbeiterzufriedenheit bei und stärkt den Teamgeist.
2. **Effektive Strategien zur Entwicklung einer Kooperativen Arbeitsumgebung:**
    - Offene und ehrliche Kommunikation fördern hilft, Kooperationsbrücken zwischen Teams zu bauen.
    - Teambuilding-Aktivitäten organisieren und kollaborative Arbeitsräume entwickeln stärkt die Bindungen zwischen den Mitarbeitern.
    - Schulungen in Kollaborationsfähigkeiten verbessern die Effektivität der Teamarbeit.
3. **Erfolgsgeschichten, die die Effektivität der Zusammenarbeit zeigen:**
    - Gemeinsame Anstrengungen zwischen den Marketing- und Vertriebsteams führten zu einer erfolgreichen Marketingkampagne und einem Anstieg der Verkaufszahlen.
    - Verbesserung interner Prozesse durch Zusammenarbeit zwischen HR und IT.

Durch die Förderung einer kooperativen Arbeitsumgebung erreichten Adam und sein Team bei "Tech Excel" höhere Kreativitäts- und Effizienzstufen. Dieser Schritt war entscheidend für die Verbesserung der Unternehmenskultur und die Steigerung der Mitarbeiterzufriedenheit und unterstreicht, dass effektive Zusammenarbeit der Schlüssel zum Erfolg am modernen Arbeitsplatz ist.

Werkzeuge und Praktische Übungen zur Förderung der Zusammenarbeit im Team
Werkzeug: Modell zur Förderung der Teamzusammenarbeit

1. **Gemeinsame Ziele Festlegen:**
   - Was sind die Hauptziele, die jedes Team zu erreichen versucht?
   - Wie können diese Ziele integriert werden, um gemeinsamen Erfolg zu erzielen?
2. **Effektive Kommunikationskanäle Einrichten:**
   - Welche Werkzeuge und Technologien können zur Verbesserung der Kommunikation zwischen den Teams verwendet werden?
   - Wie kann der Zugang zu Informationen und Ressourcen zwischen den Abteilungen erleichtert werden?
3. **Ideenaustausch Fördern:**
   - Wie kann eine Umgebung geschaffen werden, die Mitarbeiter ermutigt, ihre Ideen frei zu teilen?
   - Welche Wege gibt es, um neue Ideen zu würdigen und zu belohnen?
4. **Teamarbeit Stärken:**
   - Welche Aktivitäten und Übungen können organisiert werden, um den Teamgeist zu fördern?
   - Wie können Aufgaben so verteilt werden, dass die Zusammenarbeit gefördert und die Fähigkeiten aller Mitglieder genutzt werden?
5. **Fortschritt Überwachen und Bewerten:**
   - Welche Kriterien können verwendet werden, um das Maß an Zusammenarbeit zwischen den Teams zu messen?

- Wie kann konstruktives Feedback gegeben werden, um kollaborative Prozesse zu verbessern?

Übung: Workshop zur Förderung der Zusammenarbeit

Ziel: Die Zusammenarbeit und den Ideenaustausch zwischen Mitarbeitern aus verschiedenen Abteilungen stärken.

1. **Kennenlern-Aktivität:**
   - Teile die Teilnehmer in gemischte Teams auf.
   - Jeder Teilnehmer stellt sich vor und teilt Informationen über seine Rolle und seine täglichen Herausforderungen.
2. **Brainstorming-Session:**
   - Identifiziere ein gemeinsames Problem oder eine Herausforderung, die gelöst werden muss.
   - Lasse die Teams zusammenarbeiten, um kreative Lösungen vorzuschlagen.
3. **Ergebnisse Präsentieren:**
   - Lasse jedes Team seine Ideen und Vorschläge den anderen Teilnehmern präsentieren.
   - Diskutiere, wie diese Ideen praktisch umgesetzt werden können.
4. **Erstellung von Kollaborationsplänen:**
   - Lasse die Teams praktische Pläne zur Verbesserung der Zusammenarbeit zwischen den Abteilungen entwickeln.
   - Definiere die Rollen und Verantwortlichkeiten jeder Abteilung bei der Umsetzung dieser Pläne.

Inspirierende Zitate

"Zusammenarbeit ist die Fähigkeit, gemeinsam auf eine gemeinsame Vision hinzuarbeiten. Sie ist der Treibstoff, der es Einzelpersonen ermöglicht, außergewöhnliche Ergebnisse zu erzielen." - Andrew Carnegie

"Teamarbeit ist der Schlüssel zum Erfolg, und je mehr wir zusammenarbeiten, desto stärker werden wir." - Henry Ford

"Zusammenarbeit ist das, was uns zusammenbringt, und Teamarbeit ist das, was uns erfolgreich macht." - Steve Jobs

---

Diskussionsfragen

1. Wie können wir die Zusammenarbeit zwischen den Teams in unserem Unternehmen verbessern?
2. Welche Herausforderungen stehen der Zusammenarbeit zwischen verschiedenen Abteilungen im Weg, und wie können wir diese überwinden?
3. Wie können wir die Werkzeuge und Methoden der Kommunikation zwischen den Abteilungen verbessern?
4. Welche Strategien können wir anwenden, um den Teamgeist unter den Mitarbeitern zu stärken?
5. Wie können unsere zukünftigen Projekte von der Zusammenarbeit zwischen den Teams profitieren?

Kapitel 12: Regelmäßige Leistungsbewertung

Geschichte: Die Erfahrung von Tech Excel mit der Leistungsbewertung

Adam wusste, dass der Erhalt des Erfolgs, den Tech Excel erreicht hatte, einen starken Mechanismus zur regelmäßigen Leistungsbewertung erforderte. Er wollte sicherstellen, dass sich jeder Mitarbeiter wertgeschätzt und angeleitet fühlt und dass er sich seiner Leistungsniveaus und zukünftigen Ziele bewusst ist.

Die Herausforderung: Leistung effektiv und fair bewerten

Zu Beginn standen Adam und das Führungsteam vor der Herausforderung, ein Leistungsbewertungssystem zu entwerfen, das sowohl fair als auch effektiv war. Einige Mitarbeiter hatten das Gefühl, dass frühere Bewertungen weder transparent noch fair waren, was ihre Zufriedenheit und Leistung beeinträchtigte. Daher war es notwendig, den Prozess neu zu strukturieren, um ihn transparenter und objektiver zu gestalten.

Adam: "Hallo zusammen. Vielen Dank, dass Sie heute hier sind. Wir haben eine große Herausforderung vor uns, nämlich das Leistungsbewertungssystem neu zu gestalten, damit es transparenter und fairer wird. Ich habe von mehreren Mitarbeitern Rückmeldungen erhalten, dass das aktuelle System an Transparenz und Objektivität mangelt, was sich negativ auf ihre Zufriedenheit und Leistung auswirkt."

Layla: "Ja, das habe ich auch von einigen Kollegen in der Finanzabteilung gehört. Sie haben das Gefühl, dass die Bewertungen nicht auf klaren Kriterien basieren, und das führt zu viel Frustration."

Hala: "In der Kundenservice-Abteilung gibt es ein ähnliches Gefühl. Wir brauchen ein System, das klar darlegt, was von jedem erwartet wird und wie sie ihre Leistung kontinuierlich verbessern können."

Karim: "Ich denke, der erste Schritt, den wir unternehmen sollten, ist die Festlegung klarer und objektiver Kriterien für die Leistungsbewertung. Die Mitarbeiter müssen wissen, welche Ziele sie erreichen müssen und wie sie bewertet werden."

Youssef: "Ich stimme dir zu, Karim. Es ist auch wichtig, dass es eine kontinuierliche Kommunikation zwischen Vorgesetzten und Mitarbeitern gibt. Die Bewertung sollte ein fortlaufender Prozess sein und nicht nur ein jährliches Ereignis."

Adam: "Genau. Lassen Sie uns damit beginnen, einige grundlegende Kriterien zu identifizieren, die wir im neuen System benötigen. Welche Faktoren halten wir für wesentlich, um eine faire Leistungsbewertung zu gewährleisten?"

Sara: "Ich glaube, dass die individuelle Leistung anhand spezifischer Kriterien wie Zielerreichung, Arbeitsqualität und Einhaltung von Fristen bewertet werden sollte."

Layla: "Wir sollten auch zwischenmenschliche Fähigkeiten wie Teamarbeit, Eigeninitiative und Problemlösungsfähigkeiten berücksichtigen."

Karim: "Und vergessen wir nicht die Bedeutung von kontinuierlichem Lernen und Entwicklung. Es könnte eine Komponente in der Bewertung geben, die davon abhängt, wie viel ein Mitarbeiter in die Entwicklung seiner Fähigkeiten investiert."

Adam: "Gut, wir haben also mehrere grundlegende Kriterien: individuelle Leistung, zwischenmenschliche Fähigkeiten und kontinuierliches Lernen und Entwicklung. Jetzt sollten wir darüber nachdenken, wie wir diese Kriterien für alle transparent machen können. Wie wäre es, wenn wir einen umfassenden Leitfaden erstellen, der erklärt, wie jedes Kriterium bewertet wird?"

Youssef: "Tolle Idee. Der Leitfaden könnte Beispiele für Verhaltensweisen und Handlungen enthalten, die das Erreichen dieser Kriterien zeigen."

Sara: "Wir könnten auch Schulungsworkshops für Vorgesetzte und Mitarbeiter organisieren, um das neue System zu erklären und dessen effektive Nutzung zu vermitteln."

Adam: "Ausgezeichnet. Lassen Sie uns einen Aktionsplan zur Umsetzung dieses Systems erstellen. Layla, kannst du an der Erstellung der ersten Version des Leitfadens arbeiten?"

Layla: "Natürlich, ich werde sofort damit beginnen."

Youssef: "Ich werde mich um die Organisation der Schulungsworkshops kümmern. Wir könnten nächste Woche mit dem ersten Workshop beginnen."

Adam: "Großartig. Vielen Dank für die großartigen Ideen. Ich bin zuversichtlich, dass dieses neue System den Leistungsbewertungsprozess fairer und transparenter machen wird, was die Zufriedenheit und Motivation der Mitarbeiter steigern wird."

Alle: "Danke, Adam."

Die Bedeutung der Regelmäßigen Leistungsbewertung

Die Bedeutung der regelmäßigen Leistungsbewertung kann nicht genug betont werden. Es geht nicht nur darum, die Leistung zu messen, sondern auch darum, das persönliche und berufliche Wachstum der Mitarbeiter zu fördern. Regelmäßige Bewertungen helfen dabei:
- Stärken und Schwächen der Mitarbeiter zu identifizieren.
- Konstruktives Feedback zur Verbesserung der Leistung zu geben.
- Zukünftige Ziele zu setzen und Karrierewege zu lenken.
- Mitarbeiter zu motivieren, indem ihre Leistungen anerkannt und angemessene Belohnungen angeboten werden.

Workshop: Gestaltung eines Leistungsbewertungssystems

Youssef: "Hallo zusammen. Vielen Dank, dass ihr heute zum ersten Workshop über das neue Leistungsbewertungssystem gekommen seid. Unser Ziel heute ist es, das neue System zu erklären und wie es effektiv eingesetzt werden kann, um Transparenz und Fairness bei den Leistungsbewertungen zu gewährleisten. Lassen Sie uns mit der Darlegung der wichtigsten Kriterien beginnen, die wir in der Bewertung verwenden werden."

Layla: "Die wichtigsten Kriterien, die wir identifiziert haben, sind: individuelle Leistung, zwischenmenschliche Fähigkeiten und kontinuierliches Lernen und Entwicklung. Jedes Kriterium wird anhand einer Reihe spezifischer Verhaltensweisen und Handlungen bewertet."

Sara: "Lassen Sie uns jedes Kriterium im Detail erläutern und erklären, wie es bewertet wird. Bei der individuellen Leistung werden wir die Zielerreichung, die Arbeitsqualität und die Einhaltung von Fristen betrachten. Die Mitarbeiter können monatliche oder vierteljährliche Berichte einreichen, in denen sie ihre Erfolge und erreichten Ziele hervorheben."

Karim: "Bei den zwischenmenschlichen Fähigkeiten bewerten wir die Fähigkeit, im Team zu arbeiten, Eigeninitiative und Problemlösungsfähigkeiten. Die Vorgesetzten können Beispiele für spezifische Verhaltensweisen geben, die sie im Laufe des Jahres beobachtet haben."

Youssef: "Das kontinuierliche Lernen und die Entwicklung werden anhand der Investitionen des Mitarbeiters in die Weiterentwicklung seiner Fähigkeiten bewertet. Die Mitarbeiter können Zertifikate der von ihnen besuchten Schulungen oder neue Projekte vorlegen, an denen sie gearbeitet haben, um ihre Fähigkeiten zu verbessern."

Adam: "Gut, machen wir jetzt eine praktische Übung. Ich werde euch in kleine Gruppen aufteilen, und jede Gruppe wird daran arbeiten, praktische Beispiele dafür zu erstellen, wie diese Kriterien in den Leistungsbewertungen angewendet werden können."

(Die Teilnehmer werden in kleine Gruppen aufgeteilt, und jede Gruppe beginnt, praktische Beispiele zu erstellen.)

Youssef (nach 20 Minuten): "Lassen Sie uns nun hören, was die Teams erarbeitet haben. Team Sara, könnt ihr anfangen?"

Sara: "Natürlich. Für das Kriterium der individuellen Leistung haben wir festgestellt, dass die Zielverwirklichung anhand der zu Jahresbeginn vereinbarten Key Performance Indicators (KPIs) bewertet werden kann. Zum Beispiel könnte ein KPI im Kundenservice die Kundenzufriedenheitsrate sein."

Layla: "Unser Team hat vorgeschlagen, dass für Teamfähigkeiten die Bewertung auf Kollegenfeedback und die Beteiligung des Mitarbeiters an Teamprojekten basieren kann. Beispiele für positive Verhaltensweisen könnten aktive Teilnahme an Besprechungen und Unterstützung von Kollegen sein."

Karim: "Unser Team hat sich auf kontinuierliches Lernen und Entwicklung konzentriert. Wir haben vorgeschlagen, dass von den Mitarbeitern Berichte über absolvierte Schulungen oder erworbene Zertifikate vorgelegt werden. Die Entwicklung könnte auch durch innovative Projekte bewertet werden, an denen sie arbeiten."

Youssef: "Ausgezeichnet! Vielen Dank an alle für die hervorragenden Ideen. Nun lassen Sie uns darüber sprechen, wie wir Transparenz im Bewertungsprozess sicherstellen können. Layla, hast du einige Ideen?"

Layla: "Ja, wir können ein umfassendes Handbuch erstellen, das beschreibt, wie jedes Kriterium bewertet wird, einschließlich spezifischer Beispiele. Außerdem können wir regelmäßige Sitzungen zur Überprüfung der Bewertungen mit den Mitarbeitern organisieren, um sicherzustellen, dass sie die Kriterien verstehen und wissen, wie sie ihre Leistung verbessern können."

Adam: "Ich denke, es ist wichtig, eine kontinuierliche Kommunikation zwischen Vorgesetzten und Mitarbeitern zu haben. Wir könnten halbjährliche Besprechungen einplanen, um den Fortschritt der Leistung zu besprechen und konstruktives Feedback zu geben."

Youssef: "Genau. Wir werden auch eine Online-Plattform erstellen, die es den Mitarbeitern ermöglicht, ihren Fortschritt zu verfolgen und relevante Dokumente im Zusammenhang mit ihren Bewertungen hochzuladen."

Hala: "Gibt es noch Fragen oder weitere Vorschläge?"

Teilnehmer: "Ich denke, regelmäßige Schulungssitzungen würden uns helfen, das System besser zu verstehen und sicherzustellen, dass es effektiv umgesetzt wird."

Youssef: "Ausgezeichnete Idee. Wir werden regelmäßige Schulungsworkshops organisieren, um das System zu erläutern und allen bei der effektiven Nutzung zu helfen."

Adam: "Vielen Dank an alle für eure aktive Teilnahme. Lassen Sie uns gemeinsam daran arbeiten, den Erfolg dieses Systems zu gewährleisten und eine faire und transparente Arbeitsumgebung zu schaffen."

Strategien für Regelmäßige Leistungsbewertung

1. **Klare Bewertungsrichtlinien Festlegen:**
   - Definieren Sie spezifische Leistungskennzahlen für jede Rolle, einschließlich quantitativer und qualitativer Ziele.
   - Stellen Sie sicher, dass die Richtlinien von allen Mitarbeitern verstanden und akzeptiert werden.
2. **360-Grad-Komplettbewertung:**
   - Sammeln Sie Feedback von verschiedenen Kollegen, Vorgesetzten und Kunden, um ein umfassendes Bild der Leistung des Mitarbeiters zu erhalten.
   - Nutzen Sie technologische Hilfsmittel zur Erleichterung der Feedback-Sammlung und -Analyse.
3. **Regelmäßige Bewertungszeiträume Festlegen:**
   - Führen Sie halbjährliche und jährliche Bewertungen durch, um eine kontinuierliche Leistungsüberwachung sicherzustellen.
   - Organisieren Sie regelmäßige Überprüfungssitzungen, um Fortschritte und Herausforderungen zu besprechen.
4. **Konstruktives und zeitnahes Feedback Geben:**
   - Geben Sie konstruktives Feedback, um den Mitarbeitern zu helfen, ihre Leistung zu verbessern.
   - Geben Sie Feedback sofort nach wichtigen Ereignissen, um zeitnah und objektiv zu bleiben.
5. **Persönliche Wachstumspläne Entwickeln:**

- Arbeiten Sie mit jedem Mitarbeiter an der Entwicklung eines persönlichen Wachstumsplans, der Ziele und notwendige Schulungen zur Leistungsverbesserung festlegt.
- Stellen Sie Unterstützung und Ressourcen zur Verfügung, um diese Ziele zu erreichen.

Erfolgsgeschichten aus der Umsetzung des neuen Leistungsevaluierungssystems
Saras Erfolgsgeschichte:

Sara, eine Mitarbeiterin im technischen Support bei "Tech Excel", war unzufrieden aufgrund mangelnder Anleitung und Anerkennung. Nach der Implementierung des neuen Bewertungssystems erhielt sie konstruktives Feedback zu ihren Stärken und Verbesserungsbereichen. Ein Schulungsplan wurde entwickelt, um ihre technischen Fähigkeiten zu verbessern. Dank dieser Bemühungen verbesserte sich Saras Leistung erheblich, ihre Arbeitszufriedenheit stieg, und sie erhielt eine Beförderung als Anerkennung ihrer Bemühungen.

Verbesserung der Gesamtleistung des Unternehmens:

Durch regelmäßige Bewertungen stellte das Führungsteam fest, dass einige Prozesse verbessert werden mussten. Feedback von Mitarbeitern wurde gesammelt, um Verbesserungsbereiche zu identifizieren. Dies führte zur Entwicklung neuer Verfahren, die die Arbeitseffizienz steigerten und Fehler reduzierten, was zur Verbesserung der Gesamtleistung des Unternehmens und zur Steigerung der Kundenzufriedenheit beitrug.

Lernpunkte:

1. **Wichtigkeit regelmäßiger Leistungsevaluationen:**
   - Regelmäßige Bewertungen fördern das persönliche und berufliche Wachstum der Mitarbeiter.
   - Hilft bei der Identifizierung von Stärken und Schwächen und bietet die notwendige Unterstützung zur Leistungsverbesserung.
2. **Wirksame Strategien zur Leistungsevaluation:**
   - Klare und umfassende Bewertungskriterien festlegen, um Fairness und Transparenz zu gewährleisten.
   - 360-Grad-Bewertungen nutzen, um ein umfassendes Bild der Mitarbeiterleistung zu erhalten.
   - Konstruktives und zeitnahes Feedback geben, um die Effektivität und das Timing der Bewertungen zu verbessern.
3. **Erfolgsgeschichten, die die Wirksamkeit regelmäßiger Bewertungen bestätigen:**
   - Verbesserung der Mitarbeiterleistung und Arbeitszufriedenheit durch regelmäßige Bewertungen und konstruktives Feedback.
   - Entwicklung von Unternehmensprozessen und Steigerung der Effizienz durch regelmäßige Feedbacksammlung und -analyse.

Durch die Implementierung eines regelmäßigen Leistungsevaluierungssystems konnten Adam und sein Team bei "Tech Excel" die Mitarbeiterleistung verbessern und die Arbeitszufriedenheit steigern. Dieser Schritt war entscheidend für das Wachstum des Unternehmens und die Entwicklung seiner Wettbewerbsfähigkeiten und bestätigte, dass regelmäßige Bewertungen nicht nur ein Messwerkzeug, sondern ein Mittel zur kontinuierlichen Entwicklung und Motivation sind.

Werkzeuge und Praktische Übungen
Werkzeug: Regelmäßiges Leistungsbewertungssystem

1. **Leistungsbewertungskriterien Festlegen:**
   - Was sind die wesentlichen Kriterien, die zur Bewertung der Leistung der Mitarbeiter verwendet werden sollten?
   - Wie können diese Kriterien so festgelegt werden, dass sie für alle Mitarbeiter klar und verständlich sind?
2. **Umfassende 360-Grad-Bewertung:**
   - Welche verschiedenen Quellen können für ein umfassendes Feedback herangezogen werden?
   - Wie kann Technologie genutzt werden, um den Prozess der Sammlung und Analyse von Feedback zu erleichtern?
3. **Regelmäßige Bewertungsintervalle Festlegen:**
   - Wie oft sollten Bewertungen durchgeführt werden, um eine kontinuierliche Überwachung der Leistung sicherzustellen?
   - Wann sind die besten Zeitpunkte im Jahr, um diese Bewertungen durchzuführen?
4. **Konstruktives und Sofortiges Feedback Geben:**
   - Wie kann Feedback auf eine konstruktive Weise gegeben werden, die den Mitarbeitern hilft, ihre Leistung zu verbessern?
   - Was ist der beste Weg, Feedback sofort nach wichtigen Ereignissen zu geben, um Timing und Objektivität zu wahren?
5. **Entwicklung Persönlicher Wachstumspläne:**
   - Wie kann jeder Mitarbeiter an der Entwicklung eines persönlichen

Wachstumsplans arbeiten, der Ziele und die notwendigen Schulungen zur Verbesserung der Leistung definiert?
- Welche Ressourcen und Unterstützung können bereitgestellt werden, um diese Ziele zu erreichen?

Übung: Workshop zur Gestaltung eines Leistungsbewertungssystems

Ziel: Ein transparentes und faires Leistungsbewertungssystem schaffen, das die Mitarbeiterzufriedenheit gewährleistet und die Gesamtleistung des Unternehmens verbessert.

Schritte:

1. **Das Team Zusammenbringen:** Versammeln Sie Ihr Team in einem Workshop, um die wichtigsten Leistungskriterien für jede Rolle im Unternehmen zu identifizieren.
2. **Kriterien Festlegen:** Festlegen klarer Leistungskriterien, die quantitative und qualitative Ziele, zwischenmenschliche Fähigkeiten sowie kontinuierliches Lernen und Entwicklung umfassen.
3. **Erstellung eines Leitfadens:** Erstellen Sie einen umfassenden Leitfaden, der erklärt, wie jedes Kriterium bewertet wird, mit Beispielen für die erforderlichen Verhaltensweisen und Aktionen.
4. **Organisation von Schulungsworkshops:** Durchführung von Schulungsworkshops für Vorgesetzte und Mitarbeiter, um das neue System zu erläutern und dessen effektive Nutzung zu gewährleisten.

5. **Feedback Geben:** Durchführung einer praktischen Übung zur Bereitstellung konstruktiven und sofortigen Feedbacks mit realen Beispielen.

Inspirierende Zitate

"Regelmäßige Bewertungen sind nicht nur ein Messinstrument, sondern ein Mittel zur kontinuierlichen Entwicklung und Motivation." - John C. Maxwell

"Gerechte Bewertungen fördern Vertrauen und Zufriedenheit bei den Mitarbeitern und motivieren sie, ihr Bestes zu geben." - Peter Drucker

---

Diskussionsfragen

1. Wie kann sich eine regelmäßige Bewertung auf die Zufriedenheit und Leistung der Mitarbeiter auswirken?
2. Welche wesentlichen Kriterien sollten im Leistungsbewertungsprozess enthalten sein?
3. Wie können wir Transparenz und Fairness im Leistungsbewertungssystem gewährleisten?
4. Welche Vorteile können Mitarbeiter und Unternehmen durch die Implementierung eines umfassenden und regelmäßigen Leistungsbewertungssystems erzielen?
5. Wie kann sofortiges und konstruktives Feedback die Leistung der Mitarbeiter verbessern und zu ihrem beruflichen Wachstum beitragen?

Kapitel Dreizehn: Nachhaltigkeit und Soziale Verantwortung

Mit dem wachsenden Erfolg und kontinuierlichen Wachstum des Unternehmens erkannten Adam und sein Team die Bedeutung, tiefer über die Zukunft nachzudenken. Das Ziel war nicht nur finanzieller Erfolg, sondern auch, einen positiven Einfluss auf Gesellschaft und Umwelt zu hinterlassen. Daher beschlossen sie, Strategien zu verfolgen, die darauf abzielen, die Nachhaltigkeit und soziale Verantwortung des Unternehmens zu fördern.

Die Neue Vision der Nachhaltigkeit

Adam hielt ein umfangreiches Treffen mit dem Führungsteam ab, um zu besprechen, wie Nachhaltigkeit in die strategische Vision des Unternehmens integriert werden kann. An dem Treffen nahmen alle Hauptmanager sowie einige Mitarbeiter teil.

"Nachhaltigkeit ist nicht nur eine moralische Pflicht, sondern auch eine Chance, Innovation zu fördern und langfristigen Wert für das Unternehmen und die Gesellschaft zu schaffen," begann Adam das Treffen.

Adam: "Hallo zusammen, danke, dass ihr heute hier seid. Wie ihr wisst, sind wir hier, um zu besprechen, wie wir Nachhaltigkeit in unsere strategische Vision integrieren können. Nachhaltigkeit ist nicht nur eine moralische Pflicht, sondern auch eine Chance, Innovation zu fördern und langfristigen Wert für das Unternehmen und die Gesellschaft zu schaffen."

Layla: "Ich stimme dir zu, Adam. Nachhaltigkeit kann uns helfen, langfristig Kosten zu reduzieren, besonders wenn wir uns auf die Effizienz von Ressourcen und Energie konzentrieren."

Hala: "Und ich glaube, dass Kunden Unternehmen schätzen, die sich um Nachhaltigkeit kümmern. Das kann die Kundenloyalität und das Vertrauen in uns stärken."

Karim: "Aber wie fangen wir an? Was sind die ersten Schritte, die wir unternehmen müssen, um Nachhaltigkeit in unseren täglichen Betrieb zu integrieren?"

Adam: „Zunächst müssen wir die Hauptfokusbereiche festlegen. Diese könnten die Verbesserung der Energieeffizienz, die Reduzierung von Abfällen und die Nutzung erneuerbarer Ressourcen umfassen. Was meint ihr?"

Sara: „Ich denke, die Verbesserung der Energieeffizienz sollte oberste Priorität haben. Wir könnten damit beginnen, den Energieverbrauch in jeder Abteilung zu bewerten und Maßnahmen zu identifizieren, die wir ergreifen können, um diesen Verbrauch zu senken."

Youssef: „Wir könnten auch in grüne Technologien investieren. Der Einsatz energieeffizienter Geräte und KI-Anwendungen zur effizienteren Verwaltung der Ressourcen wäre sinnvoll."

Layla: „Darüber hinaus könnten wir über das Recycling von Abfällen nachdenken und diese in Ressourcen umwandeln. Dies könnte die Entsorgungskosten senken und neue Nutzungsmöglichkeiten schaffen."

Adam: „Gut, lasst uns einige kurzfristige und langfristige Ziele festlegen. Ein kurzfristiges Ziel könnte zum Beispiel sein, den Energieverbrauch im nächsten Jahr um 10 % zu senken. Ein langfristiges Ziel könnte sein, das Unternehmen innerhalb von fünf Jahren vollständig auf erneuerbare Energiequellen umzustellen."

Hala: „Wir sollten auch sicherstellen, dass die Mitarbeiter in diese Initiativen einbezogen werden. Wir könnten Aufklärungsworkshops und interne Kampagnen organisieren, um sie zur aktiven Teilnahme zu ermutigen."

Karim: „Wir sollten auch unsere Lieferkette überdenken. Es wäre sinnvoll, Lieferanten auszuwählen, die Nachhaltigkeitsstandards einhalten, um sicherzustellen, dass jede Produktionsstufe mit unserer Vision übereinstimmt."

Sara: „Lass uns ein Nachhaltigkeitskomitee mit Vertretern aus jeder Abteilung gründen. Dieses Komitee wäre verantwortlich für die Überwachung der Umsetzung der Initiativen und die Erstellung regelmäßiger Berichte über die Fortschritte."

Adam: „Tolle Idee, Sara. Lasst uns festlegen, wer in diesem Komitee sein wird, und nächste Woche ein erstes Treffen organisieren. Gibt es weitere Vorschläge?"

Youssef: „Ich schlage vor, dass wir auch mit Nichtregierungsorganisationen oder Bildungseinrichtungen zusammenarbeiten, die Beratung und Unterstützung bei der Umsetzung von Nachhaltigkeitsprojekten bieten können."

Layla: „Wir könnten auch Anreize für Mitarbeiter schaffen, die neue Ideen zur Erreichung der Nachhaltigkeitsziele beitragen."

Adam: „Großartig, es sieht so aus, als hätten wir einen guten Aktionsplan. Ich werde diese Punkte dokumentieren und sie später heute mit euch in einem weiteren Treffen teilen. Vielen Dank für eure aktive Teilnahme. Gemeinsam können wir viel erreichen."

Alle: „Danke, Adam."

Nachhaltigkeitsziele Festlegen

Das Treffen begann mit einer Brainstorming-Sitzung, um die wichtigsten Nachhaltigkeitsziele festzulegen. Leila leitete die Sitzung, bei der das Team Nachhaltigkeitsinitiativen mit Fokus auf Umwelt- und Sozialaspekte priorisierte.

Layla: "Willkommen, alle zusammen, und danke, dass ihr da seid. Wie ihr wisst, sind wir heute hier, um die Nachhaltigkeitsprioritäten zu identifizieren, die unsere strategische Vision leiten werden. Lassen Sie uns mit einer Brainstorming-Sitzung beginnen, um die wichtigsten Nachhaltigkeitsziele zu bestimmen, die sowohl ökologische als auch soziale Aspekte abdecken. Wir beginnen damit, die Bereiche zu identifizieren, die für unser Unternehmen und unsere Gemeinschaft am wichtigsten sind. Hat jemand erste Vorschläge?"

Karim: "Ich denke, die Verbesserung der Energieeffizienz sollte ganz oben auf unserer Prioritätenliste stehen. Wir könnten damit beginnen, den Energieverbrauch in den verschiedenen Abteilungen zu bewerten und daran zu arbeiten, Verschwendung zu reduzieren."

Sarah: "Ich stimme Karim zu. Zusätzlich könnten wir uns auf die Abfallreduzierung konzentrieren, indem wir Recyclingprogramme verbessern und biologisch abbaubare Materialien verwenden."

Hala: "Im sozialen Bereich könnten wir uns darauf konzentrieren, das Arbeitsumfeld zu verbessern und das Wohlbefinden der Mitarbeiter zu fördern. Dies könnte Programme für psychische Gesundheit sowie berufliche Weiterbildung und Entwicklung umfassen."

Youssef: "Wir sollten auch die Rolle der Technologie bei der Erreichung von Nachhaltigkeit nicht vergessen. Wir könnten in technologische Lösungen investieren, die den Energieverbrauch reduzieren und die Betriebseffizienz steigern."

Adam: "Was ist mit der Zusammenarbeit mit der lokalen Gemeinschaft? Wir könnten Initiativen starten, um Bildung und Schulung in den Bereichen Technologie und Umwelt zu unterstützen."

Layla: "Ausgezeichnet. Wir haben jetzt mehrere Bereiche, auf die wir uns konzentrieren möchten: Energieeffizienz, Abfallreduzierung, Mitarbeiterwohlbefinden, Investitionen in Technologie und Gemeinschaftsunterstützung. Lassen Sie uns spezifische Ziele für jeden Bereich festlegen. Zum Beispiel, was die Energieeffizienz betrifft, welche Ziele wollen wir im nächsten Jahr erreichen?"

Karim: "Wir könnten damit beginnen, den Energieverbrauch im nächsten Jahr um 15% zu reduzieren, indem wir effizientere Geräte verwenden und veraltete Systeme ersetzen."

Sarah: "In Bezug auf die Abfallreduzierung könnte unser Ziel sein, bis Ende des Jahres 50% des Unternehmensabfalls zu recyceln."

Hala: "Für das Mitarbeiterwohlbefinden könnten wir regelmäßige Umfragen durchführen, um die Zufriedenheit der Mitarbeiter zu messen, und Schulungs- und Bildungsprogramme anbieten, die ihren Bedürfnissen entsprechen."

Youssef: "Im Bereich Technologie könnten wir einen Teil des F&E-Budgets für die Entwicklung nachhaltiger technologischer Lösungen wie intelligente Energiemanagementsysteme verwenden."

Adam: "Und für die Gemeinschaftsunterstützung könnten wir Schulungsworkshops in Zusammenarbeit mit örtlichen Schulen und Universitäten organisieren und Stipendien in den Bereichen Technologie und Umwelt anbieten."

Leila: "Großartig. Lassen Sie uns zusammenfassen, was wir erreicht haben:

1. **Energieeffizienz:** Senken Sie den Energieverbrauch im nächsten Jahr um 15%.
2. **Abfallreduzierung:** Recyceln Sie bis Ende des Jahres 50% des Unternehmensabfalls.
3. **Mitarbeiterwohlbefinden:** Führen Sie regelmäßig Umfragen durch und bieten Sie Schulungs- und Bildungsprogramme an.
4. **Investitionen in Technologie:** Weisen Sie ein Budget für F&E zu, um nachhaltige technologische Lösungen zu entwickeln.

5. **Unterstützung für die lokale Gemeinschaft:** Organisieren Sie Schulungsworkshops und bieten Sie Stipendien an."

Adam: "Vielen Dank, Leila, für die Leitung dieser produktiven Sitzung. Jetzt haben wir klare Ziele, an denen wir arbeiten können. Ich werde mit jeder Abteilung nachverfolgen, um sicherzustellen, dass diese Ziele erreicht werden. Gibt es noch Vorschläge oder Kommentare, bevor wir die Sitzung beenden?"

Teilnehmer: "Ich denke, wir haben einen guten Plan. Lassen Sie uns mit der Umsetzung beginnen."

Leila: "Wir müssen ehrgeizig, aber gleichzeitig realistisch sein. Diese Ziele werden uns helfen, zu einer nachhaltigeren Zukunft beizutragen. Vielen Dank an alle für Ihre Teilnahme. Lassen Sie uns gemeinsam an der Erreichung dieser Ziele arbeiten und unser Unternehmen nachhaltiger machen."

Alle: "Danke, Leila."

Strategische Partnerschaften
Entwicklung von Partnerschaften mit NGOs
Das Team beschloss, strategische Partnerschaften mit NGOs und anderen Unternehmen zu entwickeln, um Nachhaltigkeitsinitiativen zu stärken. Karim nahm Kontakt zu mehreren Umweltorganisationen auf, um Ratschläge und Zusammenarbeit zu erhalten.

Umsetzung und Nachverfolgung
Ausführungs- und Nachverfolgungspläne
Die Teams begannen mit der Umsetzung der festgelegten Nachhaltigkeitspläne. Youssef leitete eine Planungssitzung zur Implementierung umweltfreundlicher Technologien in den Produktionsprozessen, während Sarah eine Sitzung zur Entwicklung von Schulungsprogrammen leitete, die sich auf Nachhaltigkeit und soziale Verantwortung konzentrierten.

- **Technologie-Team:** Entwicklung umweltfreundlicher Produktionstechnologien, Verbesserung der Energieeffizienz.
- **Personalteam:** Organisation von Schulungsprogrammen zur Nachhaltigkeit, Förderung von Vielfalt und Inklusion.
- **Finanzteam:** Budgetierung für grüne Initiativen, Bewertung der finanziellen Machbarkeit von Investitionen in Nachhaltigkeit.

"Wir müssen uns verpflichtet fühlen, die Umsetzung unserer Pläne zu überwachen und sie nach Bedarf anzupassen, um sicherzustellen, dass wir unsere Ziele erreichen," sagte Adam.

Werkzeuge und Praktische Übungen

Werkzeug: Nachhaltigkeitsplan-Vorlage

1. **Ziele Festlegen:** Was sind die Hauptziele der Nachhaltigkeit, die Sie erreichen möchten?
2. **Strategien Entwickeln:** Welche Strategien werden Sie verwenden, um diese Ziele zu erreichen?
3. **Pläne Umsetzen:** Welche praktischen Schritte sind erforderlich, um diese Strategien umzusetzen?
4. **Fortschritt Überwachen:** Wie wird der Fortschritt überwacht und die Ergebnisse bewertet?
5. **Kontinuierliche Anpassungen:** Welche Mechanismen werden Sie verwenden, um sich an Herausforderungen anzupassen und die Pläne nach Bedarf anzupassen?

Übung: Nachhaltigkeits-Workshop

Versammeln Sie Ihr Team in einem Workshop, um Nachhaltigkeitspläne zu identifizieren und zu entwickeln. Verwenden Sie Brainstorming-Sitzungen und kollaborative Planung, um umsetzbare Strategien zu erstellen und den Fortschritt zu überwachen.

Inspirierende Zitate

"Nachhaltigkeit bedeutet nicht nur, das Richtige zu tun; es ist auch ein Weg, dauerhaften Erfolg zu erzielen." - Paul Polman

"Jeder kleine Schritt in Richtung Nachhaltigkeit trägt zur Schaffung einer besseren Zukunft bei." - Jacqueline Augustin

---

Diskussionsfragen

1. Wie können wir eine Kultur der Nachhaltigkeit in unserem Unternehmen fördern?
2. Welche Herausforderungen könnten bei der Umsetzung von Nachhaltigkeitsplänen auftreten und wie können wir diese überwinden?
3. Wie können strategische Partnerschaften zur Erreichung der Nachhaltigkeitsziele beitragen?

Kapitel Vierzehn: Erlernte Lektionen und Zukunftsvision

Rückblick auf die Reise

Zusammenfassung der Herausforderungen und Erfolge

Nach mehreren Jahren harter Arbeit und ständiger Herausforderungen versammelten sich Adam und sein Team, um die Reise zu bewerten, die sie unternommen hatten. Das Unternehmen hatte viele Transformationen durchlaufen, beginnend mit der Verbesserung der Kommunikation und der strategischen Planung, gefolgt von der Entwicklung organisatorischer Fähigkeiten und der Implementierung von Nachhaltigkeitsinitiativen.

"Es war eine Reise voller Herausforderungen, aber wir haben viel erreicht, dank der Zusammenarbeit im Team und unserem Engagement für unsere Vision," sagte Adam stolz.

Erlernte Lektionen

Lernen aus Erfahrungen

Das Team diskutierte die wichtigsten Lektionen, die sie auf dem Weg gelernt hatten:

1. **Die Bedeutung Effektiver Kommunikation:** Alle betonten, dass offene und transparente Kommunikation entscheidend war, um gemeinsame Ziele zu erreichen.

2. **Anpassungsfähigkeit an Veränderungen:** Youssef wies darauf hin, dass die Fähigkeit, sich schnell an Herausforderungen und Veränderungen anzupassen, der Schlüssel zu ihrem Erfolg war.
3. **Investition in Schulung:** Sarah betonte, dass kontinuierliche Schulungen und die Entwicklung von Fähigkeiten einen erheblichen Einfluss auf die Leistung des Teams hatten.
4. **Engagement für Nachhaltigkeit:** Leila sprach darüber, wie Nachhaltigkeit nicht nur eine soziale Verantwortung war, sondern auch eine Gelegenheit, langfristigen Wert zu schaffen.

Zukunftsvision

Planung für die Zukunft

Nach der Überprüfung der Erfolge und der erlernten Lektionen diskutierte das Team die nächsten Schritte des Unternehmens. Alle waren sich einig, dass sie sich weiterhin der Innovation und der kontinuierlichen Entwicklung widmen würden.

"Die Zukunft ist voller Chancen, und wir müssen bereit sein, sie zu nutzen. Wir werden weiterhin darauf konzentrieren, unsere Produkte und Dienstleistungen zu verbessern, während wir unsere Nachhaltigkeit und soziale Verantwortung stärken," sagte Adam.

Praktische Werkzeuge und Übungen

Werkzeug: Leistungsbewertungsmodell

1. **Zielerreichung Identifizieren:** Überprüfen Sie die Ziele, die im vorherigen Zeitraum erreicht wurden.
2. **Lückenanalyse:** Identifizieren Sie die Lücken zwischen den erreichten Zielen und den geplanten Zielen.
3. **Entwicklung von Verbesserungsplänen:** Erstellen Sie Pläne zur Leistungsverbesserung und zum Schließen der Lücken.
4. **Erforderliche Ressourcen Bestimmen:** Identifizieren Sie die Ressourcen, die zur Umsetzung der Verbesserungspläne benötigt werden.
5. **Regelmäßige Überprüfung:** Erstellen Sie einen Zeitplan für regelmäßige Leistungsüberprüfungen.

Übung: Leistungsbewertungssitzung

Versammeln Sie Ihr Team zu einer Leistungsbewertungssitzung und überprüfen Sie die erreichten Ziele. Verwenden Sie das Leistungsbewertungsmodell, um Erfolge und Herausforderungen zu identifizieren und Pläne für eine kontinuierliche Verbesserung zu entwickeln.

Inspirierende Zitate

"Kontinuierliches Lernen ist der Schlüssel zum Erfolg in einer sich schnell verändernden Welt." - John C. Maxwell

"Vision ohne Umsetzung ist ein Traum; Umsetzung ohne Vision ist ein Albtraum." - Thomas Edison

---

Diskussionsfragen

1. Wie können wir die Kommunikation im Team weiter verbessern?
2. Welche Schritte können wir unternehmen, um die Nachhaltigkeit in allen Aspekten unserer Arbeit zu fördern?
3. Wie können wir das Engagement für unsere Vision und zukünftige Ziele sicherstellen?

Schlusswort

Am Ende dieses Buches wird deutlich, dass der Weg zum Fortschritt nicht ohne Herausforderungen und Schwierigkeiten verläuft. Doch durch das Engagement für kontinuierliches Lernen und die Anpassung an Veränderungen finden wir uns mit den notwendigen Werkzeugen ausgestattet, um jeder Herausforderung zu begegnen. Aus vergangenen Erfahrungen haben wir gelernt, dass offene Kommunikation, Investitionen in Innovationen und das Bekenntnis zur Nachhaltigkeit die Schlüssel zum Erfolg in einer Welt sind, die von uns verlangt, mit Zuversicht und Glauben an unsere Fähigkeit, positive Veränderungen zu bewirken, nach vorne zu blicken.

Jede Lektion und jeder Ratschlag in diesem Buch sollte als ein Schritt in Richtung Fortschritt und Entwicklung betrachtet werden. Wir laden Sie ein, sie als Leitfaden auf Ihrer persönlichen und beruflichen Reise zu betrachten. Die Zukunft erwartet uns mit ihren Chancen und Herausforderungen, und wenn wir Hindernisse überwinden und ein Gleichgewicht zwischen Innovation und Nachhaltigkeit erreichen, werden wir auf dem richtigen Weg sein, eine bessere Welt für alle zu schaffen.

www.ingramcontent.com/pod-product-compliance
Lightning Source LLC
Chambersburg PA
CBHW052202220526
45471CB00004B/1772

Schlusswort

Am Ende dieses Buches wird deutlich, dass der Weg zum Fortschritt nicht ohne Herausforderungen und Schwierigkeiten verläuft. Doch durch das Engagement für kontinuierliches Lernen und die Anpassung an Veränderungen finden wir uns mit den notwendigen Werkzeugen ausgestattet, um jeder Herausforderung zu begegnen. Aus vergangenen Erfahrungen haben wir gelernt, dass offene Kommunikation, Investitionen in Innovationen und das Bekenntnis zur Nachhaltigkeit die Schlüssel zum Erfolg in einer Welt sind, die von uns verlangt, mit Zuversicht und Glauben an unsere Fähigkeit, positive Veränderungen zu bewirken, nach vorne zu blicken.

Jede Lektion und jeder Ratschlag in diesem Buch sollte als ein Schritt in Richtung Fortschritt und Entwicklung betrachtet werden. Wir laden Sie ein, sie als Leitfaden auf Ihrer persönlichen und beruflichen Reise zu betrachten. Die Zukunft erwartet uns mit ihren Chancen und Herausforderungen, und wenn wir Hindernisse überwinden und ein Gleichgewicht zwischen Innovation und Nachhaltigkeit erreichen, werden wir auf dem richtigen Weg sein, eine bessere Welt für alle zu schaffen.

www.ingramcontent.com/pod-product-compliance
Lightning Source LLC
Chambersburg PA
CBHW052202220526
45471CB00004B/1772